Paraquins

Buch der Rätsel

mit 398 Rätseln aller Art für die ganze Familie

Otto Maier Verlag Ravensburg

2. Auflage

Autorenadresse: Karl Heinz Paraquin 85 Nürnberg-Mühlhof Auf der Schanz 6
Printed in Italy 1972
ISBN 3 473 37310 9

Das Buch der Rätsel beginnt ganz rätselvoll, und weiter geht's in kunterbunter Mischung quer durch den farbenfrohen Rätselgarten zu Vergangenem und Heutigem. Wegweiser sind gesetzt: Was das Rätsel ist, woher es kommt, und wie es sich löst. Der zweite Teil löst alles ordentlich auf. Hier finden Leser und Löser alle Rätselarten nach Gruppen geordnet, und sie erfahren, wann die Rätsel entstanden, wer sie ersonnen, wie sie zu raten und wie zu lösen sind. Das Buch der Rätsel ist allen gewidmet – gleich, ob sie jung ob alt, gleich, ob sie längst Rätselfreunde sind oder werden wollen. Allen wünschen Verlag und Autor viele vergnügte Stunden im Rätselreich ... und etwas Geduld.

Dank für freundliche Hilfe

Bayerische Staatsbibliothek München
C. H. Beck'sche Verlagsbuchhandlung München (Buschor-Rätsel)
H. Berthold Messinglinienfabrik und Schriftgießerei AG Berlin
A. Francke AG Verlag Bern (Brentano-Rätsel)
Bibliothek des Germanischen Nationalmuseums Nürnberg
Gerold & Co. Verlag Wien (Kastil-Rätsel)
Insel Verlag Frankfurt am Main (1001 Nacht, Ausgabe 1953)
Helmuth H. Morra Nürnberg (moderne Rätsel)
Dr. Toni Rotter Heidelberg (Pyramide)
The Times London, reproduced by permission

1 Die Sphinx von Theben gab Oedipus dieses Rätsel zu raten auf:

Was ist das?
Morgens auf vieren, mittags auf zweien, abends auf dreien.

Abbildung in einem Trinkgefäß aus den Vatikanischen Museen, Rom, aus dem 5. Jahrhundert v. Chr.

Nußknacker-Vignette von Ludwig Richter

Inhalt

Inhalt

Holzschnitt-Vignette zu „Verrückte Welt“

Ratschlag

Falls noch andere mitraten möchten, bitte keine Lösungen in das Buch hineinschreiben oder nur ganz leicht mit einem weichen Bleistift. Das läßt sich wegradieren. Besser ist: Ein Pauspapier auflegen.

Was ist ein Rätsel?

Das Rätsel ist gesellig. Es verlangt dich und mich für Frage und Antwort. Darin liegt seine Stärke und seine Beständigkeit. Und darin zeigt sich auch der erste wesentliche Unterschied zwischen dem Rätsel im reinen Wortsinn uralter Bedeutung und dem Rätsel heutigen Zeitstils. Der zweite: Im Ursprung wurde das Rätsel aus der Sprache geboren und blieb ihren bildhaften Metaphern als Bildersprache verhaftet. Je bildärmer die Sprache, desto mehr löst sich das Rätsel in sich selbst auf, entkleidet sich seines Sinns.

Die Rätsel der Alten waren Volksrätsel, geboren aus dem Volksdenken, gemünzt auf die natürlichen Gaben der Leute: Mutterwitz, Schlagfertigkeit und Vorstellungskraft. Wie Volksmärchen und Volkslieder gingen sie von Mund zu Mund. Der Vortrag hielt sich an den Volkston. Der Befragte mußte den Dingen auf den Grund gehen, er mußte über die ursächliche Bedeutung von Wortbild und Bildwort nachsinnen, um auf die Lösung zu kommen.

Volksrätsel sind immer Dingrätsel, im Thema einfach. Sie fragten nach den alltäglichen Dingen des Lebens, des Hauses, der Natur, der Erscheinungen und der Umwelt. Dargeboten als ein bildhaftes Gleichnis in leicht faßlicher, lösbarer und ungebundener Form. Der unbelebte, tote Gegenstand wird durch Vergleich oder Widerspruch beseelt. Oft mundartlich angepaßt, landauf, landab verändert, schließlich vom Urheber und Ursprung so weit entfernt, daß beide nicht mehr auszumachen waren. Je klarer das gesuchte Bild sich im umschreibenden Gleichnis zu erkennen gibt, desto besser das Volksrätsel. Wer das Bild hat, hat die Lösung. Nur eine darf es geben. „Es ist eine kleine Türe, aber die ganze Welt kann hindurchgehen", lautet ein altes Volksrätsel. Was ist das für eine „Türe", durch die eine ganze Welt geht? Türe ist das Angelwort, das Bild; es steht für das Auge.

Anders das Kunsträtsel. Zwar hat es das Volksrätsel verdrängen, doch nicht ablösen können, weil sein weit größerer Anspruch im Wortspiel nur einem kleinen, ausgewählten Kreis von Menschen verständlich ist. Es setzt mehr voraus: Geist, Logik, Wortwitz und Erfindungsgabe. Es befaßt sich mit dem Wort, seinen Silben und Buchstaben. Es gibt sich in lakonischer Kürze und in poetisch-lyrischer Vollendung, meist in Versen, verkapselt als bewußte Irreführung. Obgleich auch hier Thema und Bild einfach gewählt sind, wird vom Rätselgegenstand abgelenkt durch Übertragung

156 Rebus

des Merkmals der gesuchten Sache auf eine andere mit Hilfe des Gleichnisses, der Parabel, des Vergleichs, des Sinnbildes.

Hier geht es weitaus spannender zu als beim geradeläufigen Volksrätsel, bei dem das Geheimnis unverdeckt bleibt. Wenn Schleiermacher zu raten aufgibt: „Nimm mir ein Nu, so bleib ich ein Nu", dann ahnt der Löser bereits, wo die Tücke des Kunsträtsels steckt. Mit keiner Silbe hat der strenge Rätselmacher eine Eselsbrücke gebaut, die zum Lösungswort hinüberführt. Das Wort muß man wissen. Es heißt: Mo-nu-ment. Daneben gibt sich der Rätselmeister Franz Brentano geradezu charmant und hilfsbereit: „Rat', wenn du kannst! Es nennen einen Wanst fünf Zeichen dir, und auch die letzten vier." Vorsicht – den letzten Teil bitte nochmals lesen! Er hat eine Stolperstufe. Das ist der Ansatzpunkt für den Rätsellöser: „auch" verrät ihm bereits vier der fünf gesuchten „Zeichen", womit die Buchstaben des Rätselwortes gemeint sind. Nun ist die schlüssige Lösung

157 Rebus

nicht mehr schwer. Sie ergibt: Bauch. „Wanst" ist dem Bauch gleichzusetzen und ist noch heute ein recht gebräuchlicher Ausdruck.

Man sieht, ein Rätsel will in die Irre führen, soll in die Irre führen – ja, es muß in die Irre führen, um – ganz seiner Natur nach – Rätsel zu sein und

158
Buchstabenrebusse

zu bleiben. Ein echtes Rätsel muß necken und Schabernack treiben wollen. Dann bleibt es jung und quicklebendig. Auf guten Rätseln liegt ein Zauber: Die Freude am Verstecken und Verstecksuchen, am Geheimnisvollen; die Lust an Witz und Ironie, und am Spaß, andere ratlos zu machen.

Woher kam das Rätsel?

Wer das erste Rätsel ersann, blieb unbekannt. Wir müßten schon sehr weit in den sprachkultivierten Orient reisen und in der Zeit sehr weit zurückgehen, um auf die Spuren seines Schöpfers zu stoßen. Überliefert ist nur der unendlich lange Weg, den das Rätsel gegangen ist und auf dem es auch zu den Deutschen gefunden und sie begeistert hat.

Von China führt der Weg über Indien, Türkei („1001 Nacht"), Babylon, Palästina, Persien, Arabien (die Makamen des Hariri, 11. Jahrhundert) langsam nach Europa. Bezeichnend für das Wesen des Rätsels als ein Spiel des Geistes ist, daß es in den Ländern blumenreicher Sprachen, wo also das gesprochene Wort mehr galt als das geschriebene, sich immer heimisch fühlte. Vom weisen König Salomo wissen wir, daß um 1000 v. Chr. die Königin von Saba seinen Scharfsinn mit Rätselfragen versuchte (siehe Seite 61); von Oedipus, daß er das Rätsel der Sphinx zu lösen vermochte (siehe Seite 8), worüber sie aus Gram über ihr sinnlos gewordenes Dasein sich kopfüber ins Meer stürzte. Die Bibel berichtet von Rätselsprüchen; Rätsel durchweben die ganze Mythologie der Germanen als allegorische Weisheitssprüche und Rätsellieder.

Bekannt ist, daß Eskimos ebenso wie die Eingeborenenstämme Afrikas, Insulaner des Ostens wie Indianer des Westens dem Rätselkult huldigten. Doch mehr als Kult denn als Probe auf Verstand und Scharfsinn.

Vor Gericht und Hochgericht entschied früher oftmals das Vermögen, aufgegebene Rätsel zu lösen oder unlösbare aufzugeben als Richtspruch über Leben oder Tod. Es gab deutsche Verbrecherrätsel, bekannt als Hals- oder Halslöserätsel. Man kannte Rätsel als Orakelsprüche bei Griechen und Römern, Rätselspiele bei Gastmählern und regelrechte Rätselwettkämpfe in der Öffentlichkeit, in denen es um Ehre, Ansehen, Leben oder Sterben ging. Bei der Brautwerbung, bei Wissensprüfungen, bei Kinderspielen und in den Gesprächsspielen des Barocks spielte das Rätsel eine wichtige Rolle. Wer Rätsel aufgab, die niemand zu lösen vermochte, der wurde einst mit Würden und mit dem höchsten Grad an Weisheit ausgezeichnet.

Welche Vielfalt und Fülle – einstmals! Fast möchte man es mit dem Rätselforscher Arthur Bonus halten, der vor rund hundert Jahren resignierend klagte: „Es ist mit den Rätseln wie mit den Sauriern: früher waren sie riesig, heute sind sie winzig (als Eidechsen). Die Entwicklung der Zeit bringt es mit sich.“

Zwar erwachte das Rätsel im Deutschland des 16. und 17. Jahrhunderts zu neuem Leben. 1505 erschien das „Straßburger Rätselbuch“, die erste gedruckte Rätselsammlung in deutscher Sprache. Und im 18. und 19. Jahrhundert begeisterten sich erlauchteste Geister am Erfinden poetischer Rätsel von höchster Kultur – den Kunsträtseln. Doch diese Blüte ging dahin. Es zeigte sich, daß die Volksrätsel mit stärkerer Natur und Lebenskraft ausgestattet sind als die Kunsträtsel und künstlichen Rätsel unserer Tage, die dauernd nur Form und Gestalt wechseln,doch inhaltlich gleich bleiben.

Das poetische Rätsel ist tot. Der Geist unserer Tage zielt in andere Richtung: in die abstrakte Welt der Denkprobleme. Erfreulich wäre es, wenn aus dem Übergang – der Epoche des Intelligenzquotienten – eine ganz neue Form vergnüglichen Rätselspieles entstünde.

Wie löst sich das Rätsel?

Ein schlüssiges Rezept für das Rätsellösen gibt es nicht – zum Glück! Aller Spaß hätte ein Ende. Das gilt für die Volks- und Kunsträtsel ebenso wie für die modernen. Für diese sind Löseanleitungen überhaupt unmöglich aufzustellen, da sie auf das Raten von Wörtern angelegt sind, deren Sinn sich mit der Lösung von selbst ergibt. Jedes Lexikon gibt Hilfe.

Im Volks- oder Kunsträtsel hingegen ist nur ein Wort zu raten. Sein Sinn ist verstellt und versteckt und in Gleichnissen eingeschlossen wie der Kern in der Nuß. Mehr als das Volksrätsel gründet sich das Kunsträtsel auf den deutlichen Kontrast zwischen dem verschlüsselten Rätselgegenstand, nach dem gesucht wird, und dem Rätselgleichnis, das irreführen soll. Beide tragen die Merkmale des zu erratenden Gegenstandes, doch ins Gleichnis übertragen, das verschleiernd vom Gegenstand ablenkt und wegführt, zugleich aber zum Bild hinführt. Diese wichtige Eigenschaft gilt als Gesetz für die vollendete Rätselform und die echte Rätselart. Und so ist im Grunde nicht die Lösung selbst gemeint – sie ist nur die große Überraschung –, sondern die Freude am Lesen und Lösen als spielerische Beschäftigung des Geistes und der Phantasie.

Versuchen wir es gemeinsam mit einem der schönsten und ältesten deutschen Volksrätsel. Es stammt aus dem 10. Jahrhundert:

Flog vogel federlos /
saß auf baum blattlos /
kam frau fußlos /
fing ihn handlos /
briet ihn feuerlos /
fraß ihn mundlos.

Dieses Rätsel steckt voller Geheimnis und Poesie. Es fragt nach einem Vogel, der keiner ist, nach einer hitzigen Dame ohne Gliedmaßen, die ihm den Garaus macht. Können wir da mit unserer Erfahrung weiterkommen? Nehmen wir den Wassertropfen im Frühling. Er fliegt federlos durch die Luft, setzt sich auf einen blattlosen Zweig, faßt Fuß und vergeht. Doch wer mag ihn gebraten und gefressen haben? Hier ist der Ansatz zu suchen für die Enthüllung des Gleichnisses. Wer also kommt ohne Fuß in unsere Welt, der ohne Hände braten, ohne Mund verspeisen kann? Das Feuer. Gewiß, doch müssen wir den Wassertropfen wie auch das Feuer poetischer umdeuten; denn beide führen zum gleichen Ziel.

Der Wassertropfen hat vielerlei Gestalt: Regentropfen, Hagelkorn, Tau, Nebel, Schneeflocke – halt! Dem zierlichen Vogel viel ähnlicher als ein Wassertropfen fliegt ja die Schneeflocke durch die Luft, sitzt auf dem Baum und lebt solange, wie die Sonne es duldet. Und das Feuer? Führen wir es doch im poetischen Sinne auf die Sonne als den Feuerball zurück, so sind wir von zwei Seiten auf die Lösung gekommen: Sie lautet: Schneeflocke und Sonnenstrahl.

Wir lernen: Ein gutes Rätsel muß man dreimal lesen, ehe man Zeile um Zeile Wörtern und Worten auf den Grund kommt. Dann aber erhellt sich plötzlich Blick und Sinn, und es folgt das befreiende „Aha!“. Die Lösung finden, heißt Erlösung finden aus der selbstgewählten Verwirrung. Nicht von ungefähr bedeutet Rätsel im Griechischen „Netz“. Schiller nahm das Stichwort auf und verstand den Rätselsteller als den, der das „das Netz der Anmut über die Geister auswirft“.

Nicht jedes Volks- oder Kunsträtsel erlaubt so schnellen Zugang wie das vom „Vogel federlos“. Meist erweisen sich die anmutigsten als die sprödesten. Vom Löser erwarten sie ein Meisterstück im Geduldüben, ehe sie sich voll aufschließen. Und das kann mitunter Jahre dauern ...

Waa aa aa aa
aa aa aa aa d.

159 Buchstabenrebus

Rätselsprache:

Oft tauchen in den Rätseln Bezeichnungen auf, die sinnfällig meist dem menschlichen Körper entlehnt sind. Sie bedeuten:

Kopf	=	1. Wort, Silbe oder Buchstabe
Hals	=	2. Teil
Herz	=	Mitte
Fuß Wurzel	} =	letzter Teil
Zahlen	=	Silbenangabe, z. B. 1 + 2 = zwei Teile aus einer und zwei Silben
Zeichen	=	Silben oder Buchstaben
Teil	=	Wortteil, oft auch gegen die Regeln der Grammatik und Rechtschreibung

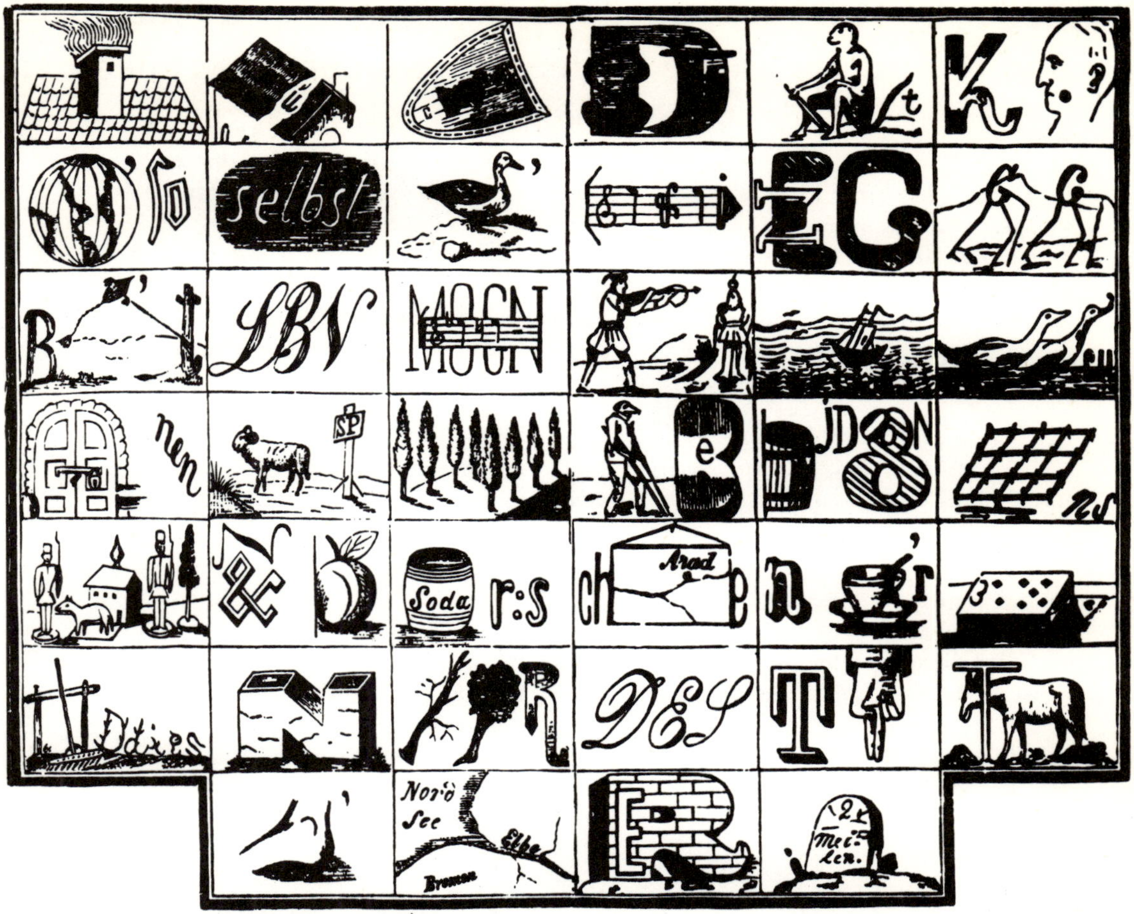

160 Rösselsprung-Rebus, der im dritten Feld der untersten Reihe beginnt.

291 *Wohl dem Jüngling, dessen Erste so sein Zweiter ist,*
daß er auch des reichsten Ganzen gern dabei vergißt!
Doch die Jungfrau, kommt als Erste sie zu ihrem Zweiten,
lasse doch vom Ganzen zierlich sich dorthin geleiten!

245 In das Herz des größten Weltbezwingers setze du hinein,
und es wird der größte Leidensüberwinder bezeichnet sein.

285 **Scharade**

Es ist der Name einer Frucht,
die zwar dem Gaumen wohlbehagt;
doch wo sie sich dem Ohr vereint,
da wird darüber nur geklagt;
und wer sich die gefallen läßt,
der ist das, was der Name sagt.

269 Siehst du die zweite Silbe gehn,
folgt oft die erste hinterdrein;
siehst du die zweite Silbe stehn,
geht oft die erste in sie ein.

Oft, wenn die erste Silbe liegt,
siehst du das Ganze sitzen drauf;
oft, wenn die erste Silbe fliegt,
siehst du das Ganze springen auf.

2 Wer hat die Füße in der Hand,
die Zähne in der Tasche
und die Augen im Beutel?

242* Vereint schafft's Herzenspein,
getrennt folgt Sonnenschein.

290 Mein Erstes ist nicht wenig,
mein Zweites ist nicht schwer,
mein Ganzes läßt dich hoffen –
doch hoffe nicht zu sehr.

241 Gepriesen soll das Hühnchen sein,
das legt sein Ei in Dreck hinein.
Denn wichtig ist der Gegenstand,
der aus dem Ei im Dreck entstand.

Die Architekten wissen das.
Auch wär vielleicht Pythagoras
gestorben ohne Ruhm und Ehr',
wenn in dem Dreck das Ei nicht wär.

257* Du findest mich stets,
du magst mich nun lesen
von vorne, von hinten,
stets bin ich gewesen,
stets bleibe ich auch
nach altem Gebrauch.

3 Er hat sie gern, die hätt ihn gern,
Er liebt sie sehr, sie liebt ihn nicht,
wünscht aber doch, daß sie ihn kriegt.

190* Ich sag dir nicht, was ich dir sage.
Was ich dir sage, sag ich dir
nur darum, da du sagest mir,
was ich nicht selbst dir sage.

---

*) Alle mit * bezeichneten Rätsel sind urheberrechtlich geschützt und dürfen ohne Genehmigung nicht übernommen werden.

332* Modernes Kreuzworträtsel

Tropenwind		Oasenbaum / rotbraun	Gewässer	Hauptstadt Kroatiens		Mutter Kriemhilds / Zeichen A-Dur		Glücksspiel	Ausruf des Erstaunens	Fußballmannschaft / Gebäude		Kleinster Materieteil chem. Elemente	Wurfspieß	falsche Pressemeldung
						Stadt im Havelland		Registratur / Chromzeichen						
Grundstücke, Grundbesitz														
Ozean					schweiz. Stadt an der Aare						Ansiedlung			
			sibir. Strom / Oper von Wagner					chilen. Hafenstadt	Postwertzeichen		Abk. für Radius		Wüste in Afrika	
Erbfaktor	Bergweide / Buchtyp				Hartkäsesorte / Planet							jüd. Religionsphilosoph †		Abk. für in nomine Domini
Rabenvogel		Tierprodukt		franz.: in / männl. Schwein			selten, knapp				Meeresbucht			
						einheim. Waldhuhn								
Druckverfahren										Schwimmanstalt / dt. Atomforscher †				
Abk. für ehrenhalber		Wasserstrudel					Narkosemittel							Fluß ins Asowsche Meer
		Kfz-Z. f. Griechenland / Störfisch			Ausruf des Entzückens	Bleistiftlinie		wbl. Stifterfigur im Naumbg. Dom / Serie	norddt. Höhenzug	rumän. Stadt				
				Fußbodenbelag / ungewiß								norddt. Stadt	französ.: ja	
Stauwerk / Unbefangenheit										Edelgas / chem. Z. Radon				
synthet. Gummi / tschech. Reformator †					Kfz-Z. f. Rumänien		persönl. Fürwort / Dramenteil				Südwind am Gardasee			Name byzant. Kaiserinnen
			früh. dt. Währung		Eselsruf / Abk. für a conto				Abk.: Reaktionsgeschwindigkeit					
chem. Element / Schwächeanfall				landwirtschaftl. genutzte Fläche						Vermerk / Abk. für Rhode Island			Abk. für Osten / Kfz-Z. f. Norwegen	
								Ährenborste						

302* Füllrätsel

„Du hast falsch geschworen!“ – „Wie?“ rief der Beschuldigte entrüstet, „du hast die Frechheit zu behaupten, es sei dal dal – dal dal!“

303* Füllrätsel

Ein Mann aus Bombay war erkrankt. Sein Arzt, gerade damit beschäftigt, ihm etwas zu verordnen, wurde plötzlich in dringender Weise abgerufen. So schnell er konnte, schrieb er sein Rezept zu Ende und folgte dahin, wo man seiner Hilfe wartete. Bald darauf wurde ihm gemeldet, der Asiate sei, nachdem er kaum von der für ihn bestimmten Arznei gekostet, unter Konvulsionen verschieden. „Unseliger“, sprach er da erschrokken zu sich selbst, „was hast du getan? Hast du dich vielleicht gar, indem du den Trank dem dal dal dal dal dal dal – dal dal dal dal dal dal.“

299* Geschrieben wird mit zwei Paar Zeichen
ein Tier, das pflegt bepackt zu geh'n;
will einer, daß es bleibe steh'n,
muß er ihm eins von hinten streichen.

304* Schling-Füllrätsel – ein abgebrochener Satz wird durch einen Schüttelreim ergänzt

„Du bist unvorsichtig, du bist tollkühn, du wirst einmal in einer Gefahr umkommen!“ – „Sei es!“ antwortete der Getadelte. „Was hätte ich denn davon, wenn ich meine sorglose Art mit eurer ängstlichen vertauschte? Etwa ein dauerndes Glück? Nein! dal dil dal dil dal – dal dil dal dil dal.“

294* Scharadoid 1 + 1

Gar manches stolze Schiff, das sich ins Meer gewagt,
ist, was der Dichter liebt und was in Sümpfen klagt.

191* Wenn du es sagtest,
wärest du nicht klug.
Wenn du es hättest,
wär's mehr als genug.
Wenn du's entbehrtest,
wärst du nicht glücklich,
wenn du es wünschtest,
wär es nicht schicklich.
Wenn du es glaubtest,
wärst du zum Spott,
wenn du es könntest,
wärst du ein Gott.

222* Bei den Sängern guter Art
rühmt man meine Milde;
werd' ich in der Mitte hart,
braus' ich durchs Gefilde.

192* Die uneinigen Schwestern

Zwei Schwestern kenne ich,
– kannst du es fassen? –
die ganz zusammenpassen,
jed' Werk gemeinsam tun
und nachts mitsammen ruhn:

Doch, gilts in kleinen Fragen
ja oder nein zu sagen,
wirst jedesmal du sehen,
daß die zwei Schwestern auseinander gehn.

Franz Brentano

** 16. 1. 1838 Boppard † 17. 3. 1917 Zürich*

entstammte der berühmten Patrizierfamilie, die im 18. Jahrhundert aus Oberitalien nach Frankfurt am Main einwanderte. In der Zeit der Romantik erwarb sie sich unsterblichen Ruhm in der Geschichte deutsch-europäischen Geistes. 1874 an die Universität nach Wien berufen, lehrte Franz Brentano 20 Jahre als Professor der Philosophie vor meist überfülltem Auditorium und schuf als Begründer der Lehre von der beschreibenden Psychologie ein Gesamtwerk von imponierendem Ausmaß.

Nach der Hochblüte der Klassik und Romantik verlor die deutsche Rätselkunst an Glanz. Franz Brentano war es, der sie zu neuem Höhepunkt führte. Als Schöpfer und Anreger. Feinsinniges, vielseitiges Wesen, spielerischer Geist und dichterische Gaben kamen seinem Geschick zum Rätselmachen entgegen. Immer neue, höchst anmutige poetische Worträtsel dachte er sich aus, mitunter so genial umschrieben, daß die Verse bereits die Rätsellösungen nannten. Seine Denkspiele krönte er mit der Erfindung ganz neuer Rätselarten: Füllrätsel, Homoionyme, Schlingrätsel, Scharadoide und andere sind bis heute unübertroffen.

Wie kam nun dieser ersthafte Philosoph aufs Rätselmachen? In seinem 1878 erstmals erschienenen Rätselbuch „Aenigmatias“ erzählt er, wie Professor Joseph Merkel aus Mainz, ein Freund der Familie, ihm in Kindertagen die Kunstfertigkeit des Rätselmachens beigebracht hat. Zur Freude seiner großen Leser- und Löserschaft bleibt er zeitlebens trotz immenser beruflicher Beanspruchung und späterer Erblindung dabei.

Sehr beglückt muß ihn die Kunde haben, daß in vielen Städten (Dresden, Innsbruck, Köln, Prag, Wien) sich regelrechte Freundeskreise bildeten – bloß um Brentano-Rätsel zu lösen. Anlaß waren nicht nur Anmut und Probleme der Rätsel: der Autor verschwieg in jeder neuen Auflage seines Rätselbuches die Lösungen, ausgenommen waren bloß die Füllrätsel. Einfach weil er nicht wollte, daß der Löser sich die Freude am Rätselraten verdirbt durch allzu rasches Nachschlagen im Lösungsteil. Wenn sie dennoch allesamt erraten worden sind – oft erst nach Jahren –, stellt das den Ratern ein vorzügliches Zeugnis für Scharfsinn aus.

In diesem Buch der Rätsel wird des Rätselmeisters Wunsch und Brauch respektiert. Die Lösungen seiner Rätsel sind dem Autor bekannt. Richtige Lösungen bestätigt er; sind die Lösungen jedoch falsch, müssen Sie sich leider nochmals den Kopf zerbrechen. (Adresse des Autors siehe Impressum Seite 4.)

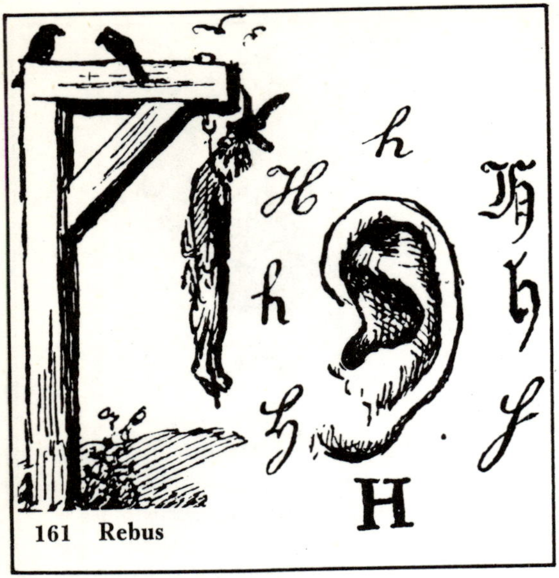

161 Rebus

215 Turandot-Rätsel

Von Perlen baut sich eine Brücke
hoch über einen grauen See,
Sie baut sich auf im Augenblicke,
und schwindelnd steigt sie in die Höh.
Der höchsten Schiffe höchste Masten
ziehn unter ihrem Bogen hin,
sie selber trug noch keine Lasten
und scheint, wenn du ihr nahst, zu fliehn.
Sie wird erst mit dem Strom, und schwindet
sowie des Wassers Flut versiegt.
So sprich, wo sich die Brücke findet,
und wer sie künstlich hat gefügt?

162 Buchstabenrebus

280* Scharade 1 + 1 + 1 + 1

Der Erste ist des Spötters Zunge,
ruft ihn sein Herr, kommt er im Sprunge.
Der beiden Ersten Kunst spricht zum Gemüt,
sie ist im Kleinen groß. Es blüht
das Ganze rechts und links vom Zweiten,
wenn grüne Fluren ihn begleiten.
Er wehrt den letzten beiden zu verweilen,
in welche ich und er sich teilen.

5 Ohne Füße steig ich Stiegen,
ohne Flügel kann ich fliegen;
beißen kann ich ohne Zähne
und vergieße manche Träne.
Darum jagt mit Saus und Braus
man mich meist zum Haus hinaus.
Nur der Metzger mag zu Zeiten
mich in seiner Kammer leiden.
Schließlich aber ohne Lohn
läßt auch er mich kalt davon.

4 Wurde zugleich mit der Welt geboren,
stirbt nicht eher, als die Welt vergeht,
und wird keine fünf Wochen alt.

133* Himmlisch
Scharade 2 + 1

Im unbegrenzten Reiche
ziehn ihrer viele
gar mannigfachgestalt
zu unbekanntem Ziele.
Das Zweite lädt zum Ruhen ein
im Tageshasten;
doch keinem Müden schenkt
das Ganze stilles Rasten.

337* Kammrätsel: Alles fließt

A – A – A – A – A
– A – A – A – A –
B – B – C – C – D
– D – E – E – E –
E – E – E – E –H –
H – H – H – H –
I – L – L – M – N
– N – N – O – R –
R – R – R – S – S
– T – T – Z

Von oben nach unten:
1 fließt in den Chiemsee
2 fließt in den Rhein
3 fließt in die Donau
4 fließt in die Donau
5 fließt in den Regen
6 fließt in die Nordsee
7 fließt in die Ostsee
8 fließt in die Fulda
9 fließt in den Rhein

Gesucht sind neun Flüsse, die in die leeren Kästchen von oben nach unten einzutragen sind. Ihre Anfangsbuchstaben, ergänzt um noch acht Buchstaben, nennen den Namen eines Meeres.

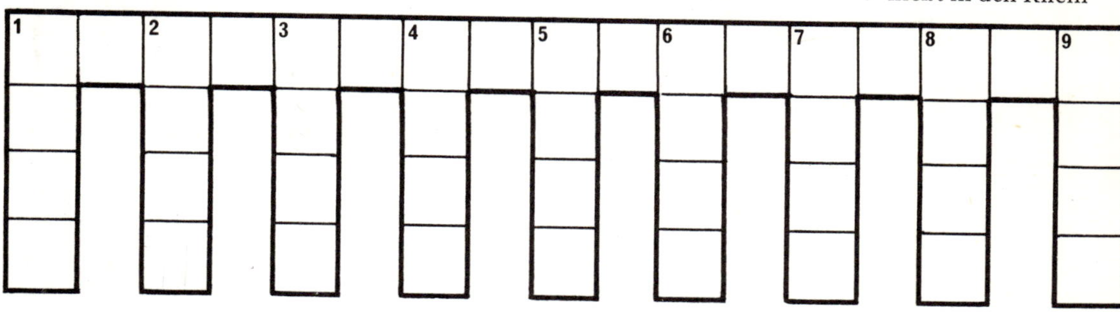

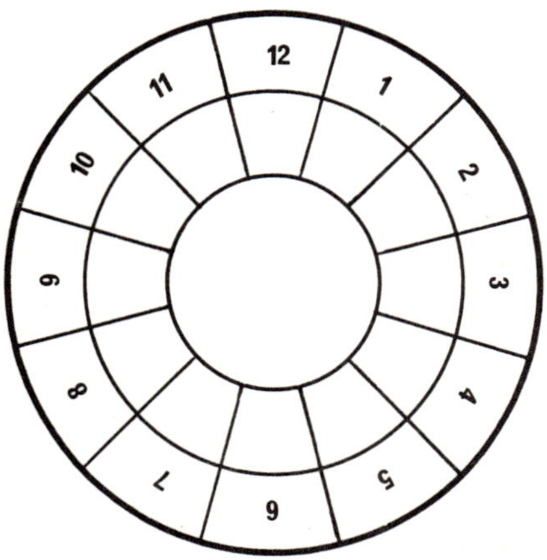

335* Rätseluhr I: Gastliche Stätte

Werden statt der Ziffern Buchstaben gesetzt, so ergeben sie bei richtiger Lösung und in der Reihenfolge von1 bis 12 gelesen eine gastliche Stätte: 1–2 Ausdruck beim Kartenspiel, 1–4 Überbleibsel, 3–6 Sperre, 4–6 Niederschlag, 6–7 Auerochs, 5–8 „Hauch", 7–9 Tip, 7–12 Zuteilung, 10–12 kleinstes elektrisch geladenes Teilchen.

305* Uraltschrift-Rätsel

Jedes Zeichen steht für einen Buchstaben. Gleiche Zeichen sind gleiche Buchstaben. Richtig gelöst nennen die Buchstaben der ersten senkrechten Reihe von oben nach unten eine Oper von Richard Strauß: 1 älteste Bewohner Südmesopotamiens. 2 gläserner Arzneibehälter, 3 Kunstflugfigur, 4 kanadische Provinz, 5 französischer Maler und Graphiker (1869–1954), 6 Staatenbündnis.

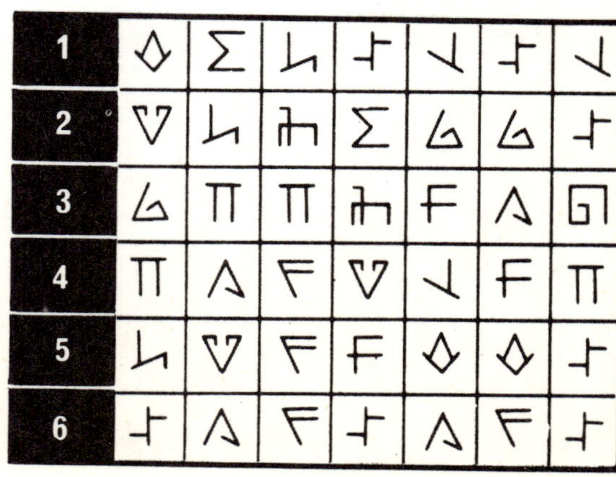

378* Brückenbau

Die linken und die rechten Felder zeigen je einen Gegenstand – das mittlere nicht. Hier ist nur ein Wort mit dem Anfangsbuchstaben angedeutet. Die Aufgabe ist, dieses Wort zu finden und zu ergänzen, und zwar so, daß es sich sinnvoll dem ersten wie dem zweiten Gegenstand anfügt und einer Brücke gleicht. Beispiel: Blumen-Kohl-Suppe – Kohl ist hier das Brückenwort. Die Punkte hinter den Buchstaben verraten, wieviel Buchstaben dem Brückenwort fehlen. Im voraus ein Ermunterungslob für alle „Brückenbauer", wenn Ihr die Anfangsbuchstaben der Brückenwörter von oben nach unten zusammenhängend lest.

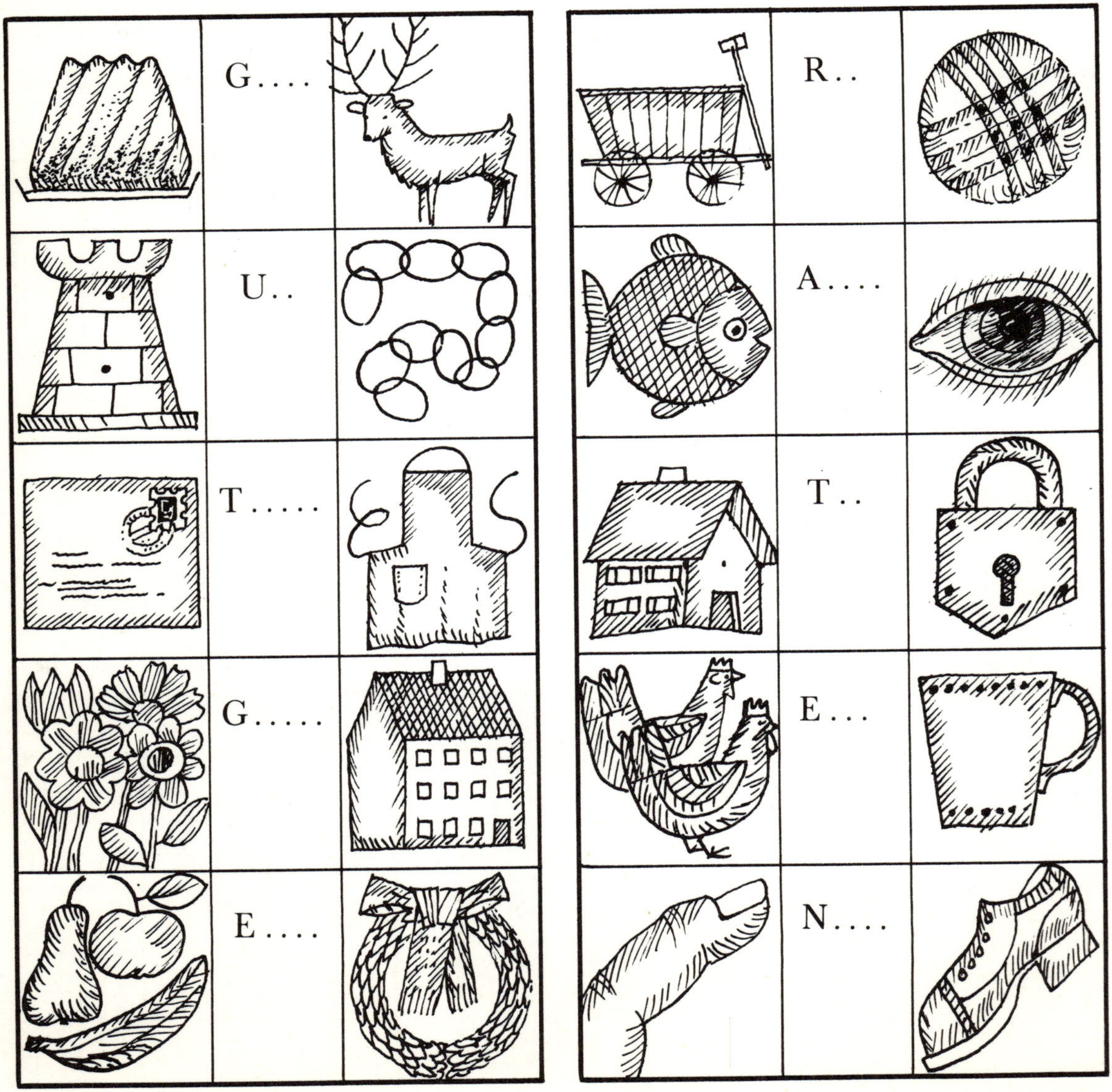

311* Einfache Kaskade

Ostergeschichte. Als der HASE alle Eier versteckt hatte, war er hungrig auf KOHL. Dann lief er in den WALD, wo HANS an seinem NEST auf ihn wartete, um sich für die Ostereier zu bedanken, die der Hase ihm geschenkt hatte. Dann ging Hans nach HAUS.

H	A	S	E	K	O	H	L	W	A	L	D	H	A	N	S	N	E	S	T
K	O	H	L	W	A	L	D	H	A	N	S	N	E	S	T	H	A	U	S

379* Fliegenschmaus

Mit Froschaugen belauert er die Fliege. Nur einmal läßt er sie kreisen – dann schnappt er zu. Wer die Buchstaben in der Reihenfolge liest, wie die Fliege um den Frosch herumfliegt, dem verrät der fröhliche Frosch, was er von so einem Fliegenschmaus hält.

Friedrich von Schiller
** 10. 11. 1759 Marbach † 9. 5. 1805 Weimar*

geriet auf der Suche nach einem unterhaltsamen Bühnenstück für das Hoftheater in Weimar an ein Märchenspiel des italienischen Komödiendichters Carlo Graf Gozzi (1720 bis 1806). Es heißt „Turandot" und geht vermutlich zurück auf die „Geschichte von den Rätseln der Turandocht" des persischen Dichters Nizami (1141–1209). Schiller fand so viel Gefallen an dem uralten Thema, daß er es neu bearbeitete. In dem Stück geht es um eine chinesische Prinzessin, die ihren Freiern die Aufgabe stellte, drei Rätsel zu lösen; nur einem gelingt es.
Um die Zuschauer noch mehr zu fesseln, bediente sich Schiller eines Tricks, der ihn als Vorläufer der modernen Showmaster erkennen läßt. Er dichtete für die Uraufführung am 30. 1. 1802 und für die vier anschließenden Wiederholungen der „Turandot" eigene Rätsel und ließ die Zuschauer mitraten. Für fünf Spielabende brauchte er 15 verschiedene Rätsel; 13 dichtete er neu, eines übernahm er von Gozzi und eines stiftete Goethe, das Schiller nicht sofort zu lösen vermochte.
In einem Brief an Schiller lobte Goethe am 2. 2. 1802 die „entzückte Anschauungen des Gegenstandes", womit er die „Turandot"-Rätsel meinte, und fortfuhr „. . . worauf man fast eine neue Dichtungsart gründen könnte." Das ungeheuere Echo, das seine Rätsel in der Öffentlichkeit hervorriefen, konnte Schiller nicht voraussehen. Jetzt aber war es soweit: Das deutsche Kunsträtsel war geboren.
Dichter und Denker von Rang und Namen wurden Rätselmacher. Rätselalmanache erschienen, und im geselligen Kreis waren Rätselfragen und Rätselspiele Mittelpunkt der Unterhaltung. In einem Karlsruher Kaffeehaus fand sich eine Tischgesellschaft zusammen, die der Dichter J. P. Hebel (1760–1826) als „Charaden- und Rätselakademie" bezeichnete.

214 Turandot-Rätsel

Kennst du das Bild auf zartem Grunde,
es gibt sich selber Licht und Glanz.
Ein andres ists zu jeder Stunde,
und immer ist es frisch und ganz.
Im engsten Raum ists ausgeführet,
der kleinste Rahmen faßt es ein,
doch alle Größe, die dich rühret,
kennst du durch dieses Bild allein.

Und kannst du den Kristall mir nennen,
ihm gleicht an Wert kein Edelstein,
er leuchtet, ohne je zu brennen,
das ganze Weltall saugt er ein.
Der Himmel selbst ist abgemalet
in seinem wundervollen Ring,
und doch ist, was er von sich strahlet,
noch schöner, als was er empfing.

367* Hauptwort-Hinundher

In jedes der neun Felder ist ein vollständiges Hauptwort einzutragen, deren Bedeutung angegeben ist:

1–3 unterrichtet auf dem Dorf
1–4 Bezirksverwalter
1–7 Amtssitz des Bezirksverwalters
4–5 Amtsgebäude
4–6 Arbeit im Amtsgebäude
7–8 Baufachmann
2–8 Besorger in Lehranstalt
3–9 Unterrichtseinteilung für Erzieher
7–5–3 Unterrichtender an berühmter Künstlerschule
1–5–9 Grundriß für nichtstädtisches Haus
7–9 Baufachmann-Entwurf
1–3–9 Unterrichtseinteilung für Lehrpersonal auf dem Dorf

1	2	3
4	5	6
7	8	9

371* Wort im Wort

Jedem der folgenden 20 Wörter ist ein vollständiges Wort – ein- oder zweisilbig – zu entnehmen. Zusammenhängend gelesen, ergeben sie einen Hausspruch aus Zürich:
Beredt – verfeinern – Geschlechter – Savono – Kediri – Busoni – Dasein – Nessel – Thihmig – verlaubt – Docht – Kakadu – Adur – Kleber – Asow – Dassel – keinerlei – Fest – Leihmantel – Geglaubtes

163 Rebus

327* Silben-Kreuzworträtsel

Waagerecht:

1 wohlriechende Gartenpflanze
3 Republik in Südamerika
6 kanadischer Hirsch
8 französischer Schriftsteller (1803–1870, „Carmen")
10 Hauptstadt von Iran
12 Verpackungsgewicht
14 oberitalienische Provinzhauptstadt
16 Frauenname
17 Sportart
18 italienischer Barockmaler (1575–1642)
19 Opfer, Abgaben an den Sieger
20 weltberühmtes Mailänder Opernhaus
21 Bastfaser
23 chemisches Element
26 Stadt in Thüringen
28 Heiligenerzählung
30 Luftschiff
32 Plattform am Haus
34 Weg, Straße
36 Blutsverwandter
37 mündlicher Meinungsaustausch
40 Halbaffe Madagaskars
42 Stadt in Schleswig-Holstein
43 zu Tal stürzende Schneemasse
45 Fluß und Republik in Afrika
47 Turnerabteilung
49 Schachpartien mit unentschiedenem Ausgang
51 elastisch-steife Masse aus eingedickten pflanzlichen oder tierischen Säften
53 Tempel in Indien, China und Japan
54 fotografisches Linsensystem
55 skandinavisches Königreich

Senkrecht:

1 Bootswettkampf
2 Brettspiel
3 Landstreitmacht
4 hochtrabende Phrase
5 falsche Pressemeldung
6 Drachenechse
7 Hauptstadt von Albanien
9 hellster Stern im Orion-Sternbild
11 Gärungsmittel
13 Feuerwerkskörper
14 Operette von Nico Dostal
15 chemisches Element
16 Park, auch Investition
21 Planet
22 alte Pfeilschußwaffe
24 Hauptstadt von Peru
25 Verladebühne, schräge Auffahrt
27 Randbeet
28 Traubenernte
29 französischer impressionistischer Maler (1834–1917)
30 Herrscherstab

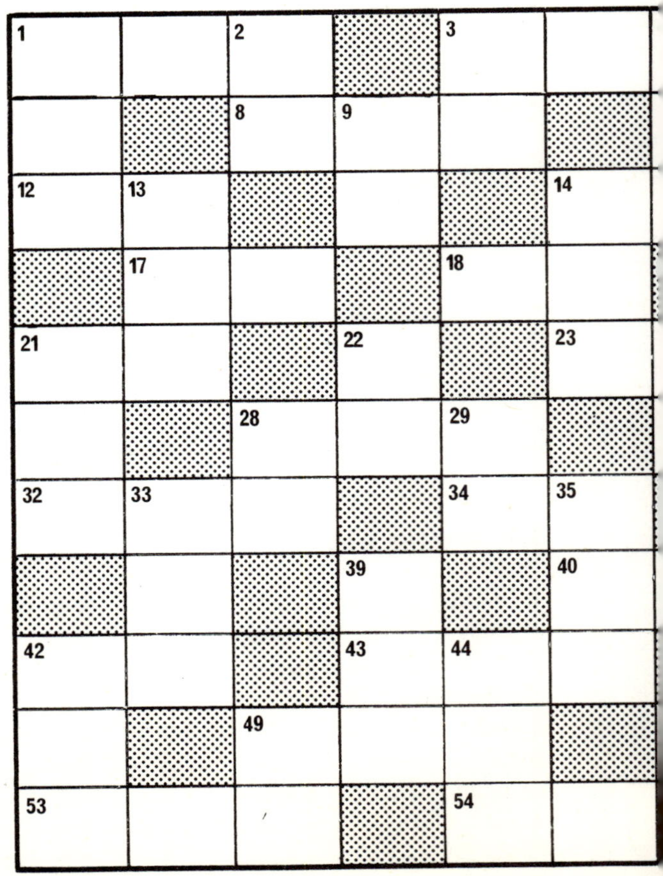

31 Laubbaum
33 einflußreicher „Mönch“ am russischen Zarenhof (1916 ermordet)
35 griechische Mondgöttin
36 Provinzhauptstadt in Oberitalien
38 Einheit der Artillerie
39 Dauerwurst
41 die Bewohner eines Schweizer Kantons
42 Erdteil
44 fast ausgerottete europäische Wildrinder
46 verneinend, ergebnislos
48 zuverlässig, auch wunderlich
49 Ansprache
50 Buch im Alten Testament
52 hohe Männerstimme

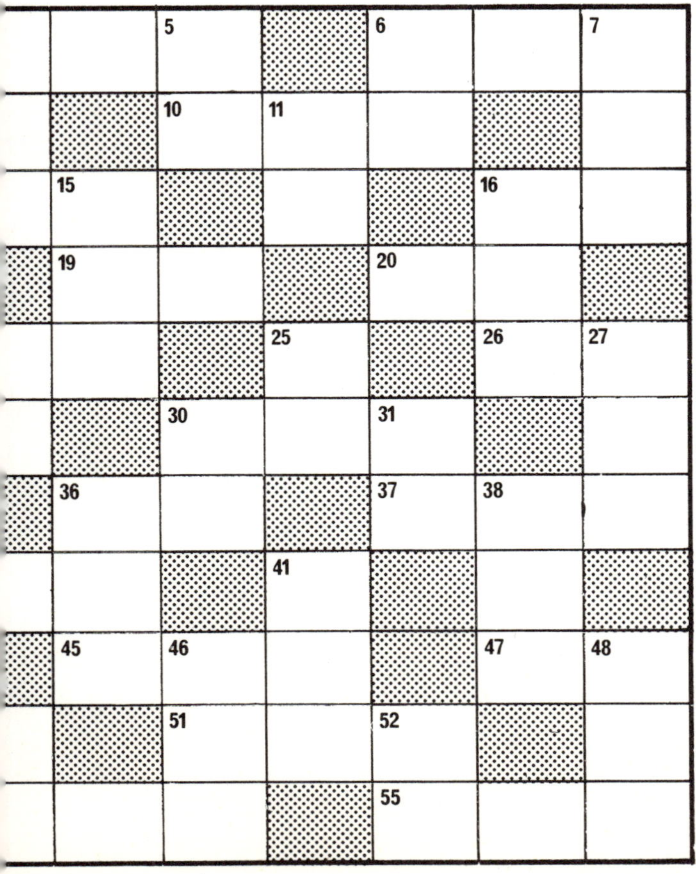

151 Kennkarte oder Lösung

hieß alters die Losung, wollten Fahrende Nutznießer großzügiger Gastfreiheit sein. Pässe gab es keine, also mußte sich der Fremdling auf andere Weise ausweisen. Durch Rätsellösen! Sogleich erfuhr der Gastgeber, welch Geistes Kind der war, mit dem er Tafel, Kaminfeuer und oft auch das Lager zu teilen hatte.
Worum ging es? In der einzigen uns erhalten gebliebenen Handschrift aus dem 14. Jahrhundert – der ältesten überlieferten Rätseldichtung deutscher Sprache überhaupt –, dem Trougemundslied, wurden dem Trougemund vor dem Stadttor zwölf Rätselfragen gestellt. Thema: Natur und Naturkunde. Die ersten Fragen lauteten:

Nun sag mir, Meister Trougemund,
zwei und siebzig Lande sind dir kund:
Welcher Baum trägt Frucht ohne Blüte?
Welcher Vogel säugt seine Jungen?
Welcher Vogel ist ohne Zungen?
Welcher Vogel ist ohne Magen?
Kannst du mir das sagen,
so will ich dich für einen Meister haben.

Auch wenn man die Antworten „wissen“ mußte, beweist dieses Wissen Witz und Beobachtungsgabe. Nur darum ging es hier.

323* Silbenrätsel

Aus diesen Silben sind 20 Wörter zu bilden. Bei richtiger Auflösung ergeben die ersten und fünften Buchstaben, jeweils von oben nach unten gelesen, einen Ausspruch von Joh. H. Pestalozzi.

amt – an – bart – be – bu – burg – chard – clo – da – der – di – di – ei – eich – ein – en – es – eu – gat – gel – gus – hecht – hoff – hör – le – len – men – mo – ne – ne – ne – ne – ner – ner – net – neu – nich – nung – pres – rie – rin – sar – schnei – sen – so – spie – sprung – tam – tau – te – ten – va

1 Sinnbild des Heiligen Geistes
2 Gerät zur Abstrahlung oder Aufnahme elektromagnetischer Schwingungen
3 Handtrommel mit Blechschellen
4 niederdeutscher Schalksnarr
5 Staat in den USA
6 päpstlicher Gesandter
7 Behörde, die Handelsmaße und -gewichte überwacht
8 Kopfsprung ins Wasser, gestreckter Sprung über ein Sportgerät
9 bedeutender deutscher Bildhauer und -schnitzer (um 1460–1531)
10 marktschreierischer deutscher Wanderarzt des 17./18. Jahrhunderts
11 Verwandte
12 Mittagessen, Festmahl
13 Fabeltiere mit langem Stirnhorn
14 abessinischer Königstitel
15 französischer impressionistischer Maler (1840–1926)
16 starkes Kaffeegetränk
17 Kanton der Schweiz
18 kleiner Heringsfisch
19 Landstreicher in Frankreich
20 eine der drei göttlichen Tugenden

1 ____
2 ____
3 ____
4 ____
5 ____
6 ____
7 ____
8 ____
9 ____
10 ____
11 ____
12 ____
13 ____
14 ____
15 ____
16 ____
17 ____
18 ____
19 ____
20 ____

274

Mein Erstes ist das Zweite,
mein Zweites ist das Erste.
Das Ganze ist jeder Teil,
jeder Teil ist das Ganze.

238* Ohne Einwand

Ein einwandfreies Laken
wird schlichter Winkelhaken.

199 Ich bin bei der Kirche angestellt,
mein Wesen ist ganz erbaulich,
und über den Dingen dieser Welt
mein Standpunkt hoch und beschaulich.

Mein Wort ist einfach, doch hat es die Macht,
zur Andacht zu rufen die Frommen;
so dien' ich der Kirche bei Tag und bei Nacht
und bin doch hinein nie gekommen.

306* Zahlenrätsel

Jede Zahl steht für einen Buchstaben. Gleiche Zahlen sind gleiche Buchstaben. Die erste senkrechte Reihe nennt bei richtiger Lösung von oben nach unten einen deutschen Astronomen:
1 Gefährte, Kollege – 2 Sendschreiben, Apostelbrief – 3 historische Nachbarstadt der deutschen Hauptstadt – 4 Abschnitt eines Lehrbuches – 5 Kegelschnitt – 6 getrocknete Weinbeeren

1.	5	2	3	6	1	2	4
2.	6	7	8	9	10	6	11
3.	7	12	10	9	4	2	3
4.	11	6	5	10	8	12	13
5.	6	11	11	8	7	9	6
6.	1	12	9	8	13	6	13

340* Ausfüllrätsel mit Kern

Die unter a gesuchten Wörter mit je vier Buchstaben bilden die Mitte der unter b gesuchten Wörter mit sechs Buchstaben. Richtig gelöst und von oben nach unten gelesen, nennen die Anfangsbuchstaben ein Gebirge in Europa.
1 Nachlaß – Nordafrikaner
2 Romanfigur von Zola – Frucht
3 Winkel – delikat
4 Hast – Wildeber
5 Nachen – deutsche Stadt
6 Biene – niemals

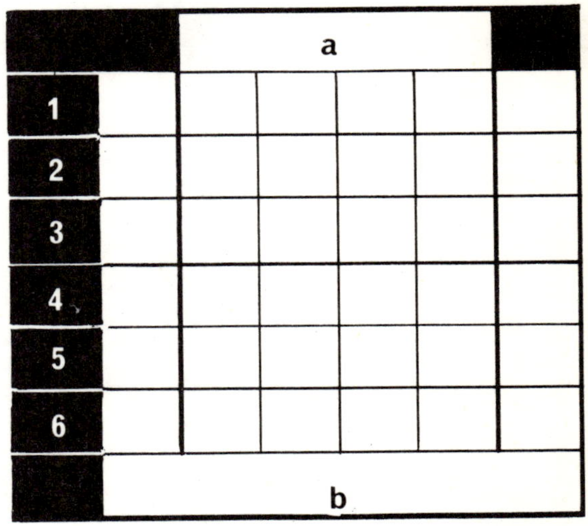

6 Erst pflückt man mich,
dann trocknet man mich,
dann brennt man mich,
dann rädert man mich,
dann kocht man mich,
und dann wirft man mich
zur Tür hinaus.

207 Wer mich bekommt, der gibt mich wieder her.
Wer mich verliert, behält, was er besessen.
Wer mich gelernt, dem wird das Leben schwer.
Der sicher weiß recht viel, der mich vergessen.

341* Verstellrätsel: Prosit!

Wenn die gesuchten Wörter von 1 bis 9 untenstehender Bedeutung und mit je sechs Buchstaben in der linken Hälfte eingetragen sind – bitte alle kräftig schütteln! Die neuen Wörter von 10 bis 18 der angegebenen Bedeutung analog rechts in die Nachbarzeilen eintragen und beachten, daß die Endbuchstaben der Wörter links zugleich die Anfangsbuchstaben der Wörter rechts sind. Dann nennen diese Buchstaben, von oben nach unten gelesen, ein Getränk (bitte nicht schütteln!):

1 Baumfrucht
10 toter Körper

2 weiblicher Vorname
11 Park

3 Liedvortrag
12 Fluß in Indien

4 Himmelskörper
13 Vorname von Hemingway

5 Giftschlange
14 Nagetiere

6 sehr grob
15 Verwandter

7 Heilpflanze
16 weiblicher Vorname

8 Warngerät
17 deutscher Politiker († 1919)

9 englische Biersorte
18 Bericht

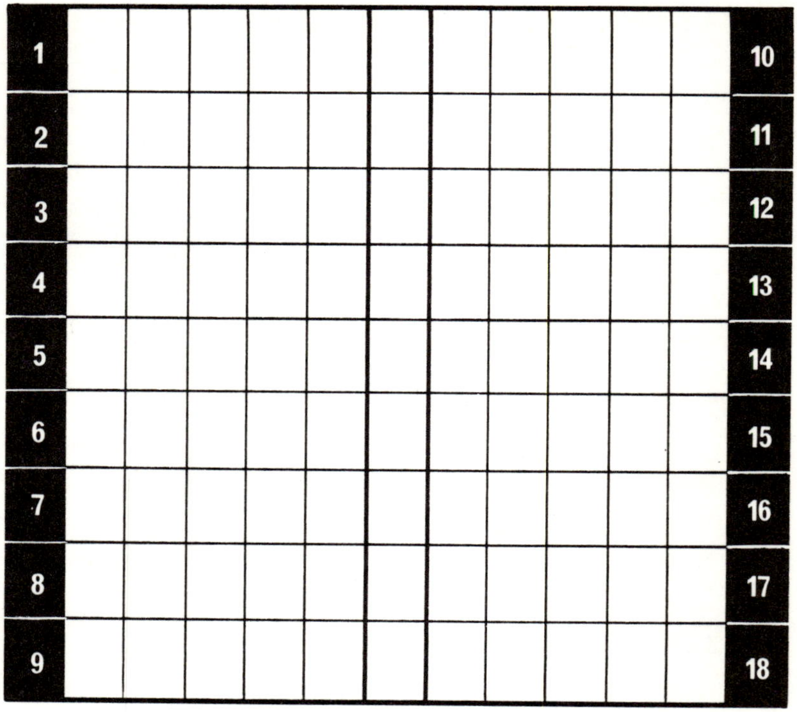

217 Turandot-Rätsel

Es führt dich meilenweit von dannen
und bleibt doch stets an seinem Ort,
es hat nicht Flügel auszuspannen
und trägt dich durch die Lüfte fort.
Es ist die allerschnellste Fähre,
die jemals einen Wandrer trug,
und durch das größte aller Meere
trägt es dich mit Gedankenflug,
ihm ist ein Augenblick genug!

219 Turandot-Rätsel

Ein Bruder ist's von vielen Brüdern,
in allem ihnen völlig gleich,
ein nötig Glied von vielen Gliedern,
in eines großen Vaters Reich;
jedoch erblickt man ihn nur selten,
fast wie ein eingeschobnes Kind:
die andern lassen ihn nur gelten
da, wo sie unvermögend sind.

187* Rösselsprung I

Dieser Rösselsprung ergibt einen Zauberspruch aus „Faust“ I. Teil von Johann Wolfgang von Goethe. Er beginnt links oben im 1. Feld. Zu lösen ist in der Weise, wie das Rössel oder der Springer auf dem Schachbrett gezogen wird. (Siehe auch Seite 112.)

	DU	Sieben	und	Acht,	mach	Sechs,	
	stehn!	so	Eins	mach	Zwei	die	
Eins!	das	mußt	und	Zehn,	so	Vier!	und
ver-	ists	Aus	Hexen-	Aus	Hex,	laß	sagt
ist	Einmal-	bist	Und	Drei	und	Fünf	die
voll-	Neun	Das	reich.	ist	lier	mach	gehn,
	du	bracht:	so	Eins,	und	Zehn	
		ist	keins.	Ver-	gleich,		

164 Rebus

342* Ausfüllrätsel: Ratschlag

Zu erraten sind 22 Wörter aufgeführter Bedeutung mit je fünf Buchstaben, die immer von oben nach unten einzutragen sind. Die Anfangs- und Endbuchstaben – zeilenweise gelesen – ergeben eine Sentenz von C. M. Wieland:

1 Wetterelement
2 Meer
3 griechische Insel
4 weiblicher Vorname
5 Schwimmstil
6 Hauptstadt Nordvietnams
7 germanische Volksversammlung
8 Schiffsruine
9 Rhonezufluß
10 Teil Arabiens
11 Spiritus
12 Schwachsinniger
13 gebratenes Fleischstück
14 österreichischer Lyriker († 1914)
15 Stadt in Ostpreußen
16 Tanzstil
17 Widerstand
18 Stadt bei Ludwigshafen
19 Stadt in Frankreich
20 Schlackenberg
21 weibliche Figur aus „Don Carlos“
22 norwegischer Dramatiker

	1	2	3	4	5	6	7	8	9	10	11
▷											
▷											

	12	13	14	15	16	17	18	19	20	21	22
▷											
▷											

343* Ausfüllrätsel: USA-Staaten

Gegeben sind Anfangs- und Endbuchstaben von sieben USA-Staaten. Tragen Sie die aufgeführten Buchstaben in die leeren Felder der Querreihen richtig ein, so nennen sie diese Staaten, und in der Diagonale von rechts oben nach links unten ergibt sich wiederum der Name eines Staates:

A – A – A – A – B – D – D – E – E – G – I – I – I – I – L – L – M – N – N – N – N – N – O – O – O – O – O – R – R – R – R – T – W – Y – Z

M						A
N						K
F						A
A						A
G						A
I						A
A						A

7

Kommen sie,
so kommen sie nicht;
kommen sie nicht,
so kommen sie;
besser ist's, sie kommen nicht
und kommen doch,
als daß sie kommen
und nicht kommen.

134 Es darf der ärmste Wicht
sich an der Ersten laben,
doch an der Zweiten nicht,
die wenige nur haben.

Das Ganze wieder kann
sich jeder selber machen,
doch hängt er sehr daran,
so macht er andre lachen.

228 Man läßt ihn sprechen,
man läßt ihn stechen;
es ist ein Vogel
und ein Gebrechen.

9 Was will ein jeder werden,
was will doch keiner sein?

10 Rätst du mich recht,
so hast du falsch geraten;
und rätst du falsch,
so hast du recht geraten.

11 Lies oder miß von vorn,
miß oder lies von hinten –
du wirst mich immer gleich
in Sinn und Länge finden.

8 Ach, ich armer Schmiedeknecht,
hab keine Hand, zeig immer recht,
hab keine Füß, muß immer gehn,
Tag und Nacht auf Schildwach stehn.
Leg ich mich einmal zur Ruh,
brummt gleich jedermann dazu.

344* Ausfüllrätsel: Rundherum

Zu erraten sind zehn Wörter mit je vier Buchstaben aufgeführter Bedeutung. Wenn die Wörter 1 bis 5 senkrecht von oben nach unten, die Wörter 6 bis 10 senkrecht von unten nach oben eingetragen sind, ergibt sich in den Außenreihen ein volkstümlicher Sinnspruch, der links oben beginnend in Pfeilrichtung abgelesen werden muß:

1 Sportübung freier Wahl – 2 Moselburg – 3 Teil des Fußes – 4 Bierrettich – 5 Liebesgott – 6 Unverletzbarkeit – 7 arabisches Segelboot – 8 Zahlwort – 9 Keimträger – 10 Scherz

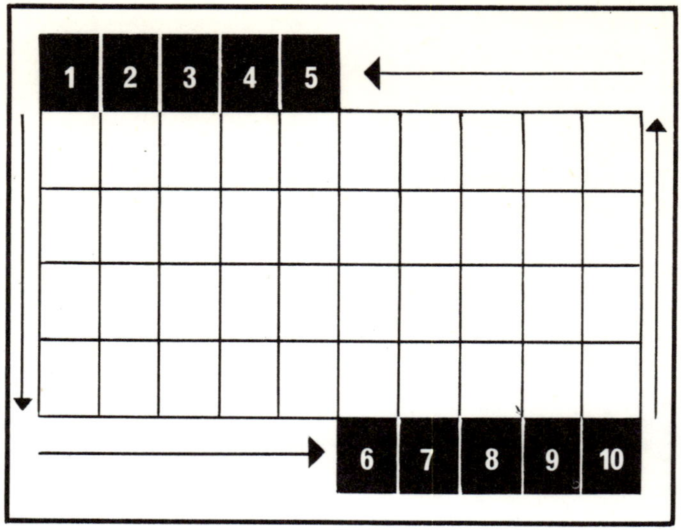

255* Palindrom

Vorwärts und rückwärts
bin ich stets seitwärts.

293* Scharadoid 1 + 2

Kleinste Zeit in kleinster Zeit
genügt das zur Unsterblichkeit?

198* Einseitige Ernährung

Ein Vierbein steht in deinem Stall,
das trägt dich über Berg und Tal.
Es säuft und säuft, bevor es läuft.
Es läßt sich niemals Futter reichen
und läßt doch üble Winde streichen.

334* Ausfüllrätsel: Getrennt-vereint

1 Auerochs + bloß = erschlossener Boden
2 Gebäude + persönliches Fürwort = Landwirt
3 Weltorganisation + Tip = Müll
4 Mulde von Gebirgen + Umstandswort = weiblicher Vorname
5 Umstandswort + Eigenschaft = Liebreiz
6 Sonnengott + Tierprodukt = Nahrungsmittel

330* Schweizer Kreuzworträtsel I

Für passionierte Bastelfreunde: Die angegebenen Wörter senkrecht und waagerecht so eintragen, daß am Schluß dieses Kreuzworträtsel komplett ist. Der Anfang ist gemacht – der Rest gehört Ihnen:

Aal – akkurat – akut – Alai – Allah – Anode – Ara – Ararat – Art – Ast – Aue – Bake – Ban – Bon – Debakel – Delta – Don – Donar – Dur – Eid – Eider – Entree – es – Eta – Ettal – Fernpaß – Fokus – Fron – Ith – Katarakt – Kate – Lama – Mate – Narr – Noblesse – Odoaker – Ohr – Oka – Okular – oui – Pol – Redouten – reich – reiten – Reuter – Rubel – Senat – SOS – Spa – Spurt – Stade – Tal – Tara – Tarantel – Tarifa – Toreador – Ural – USA – Ute

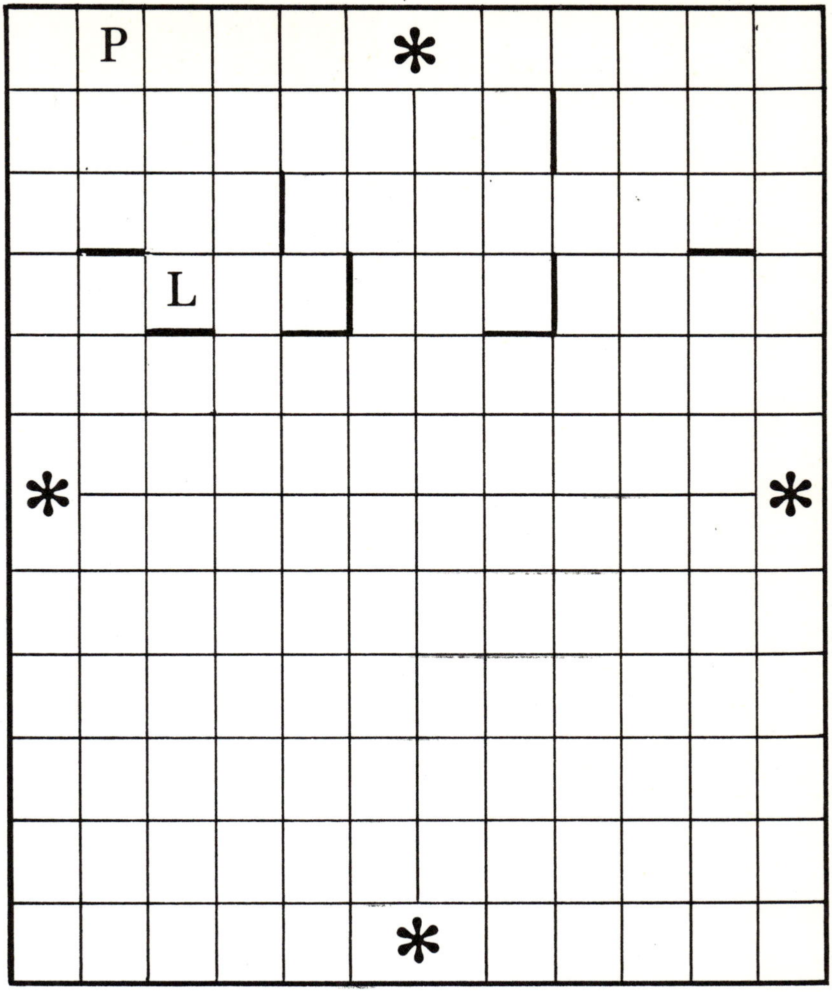

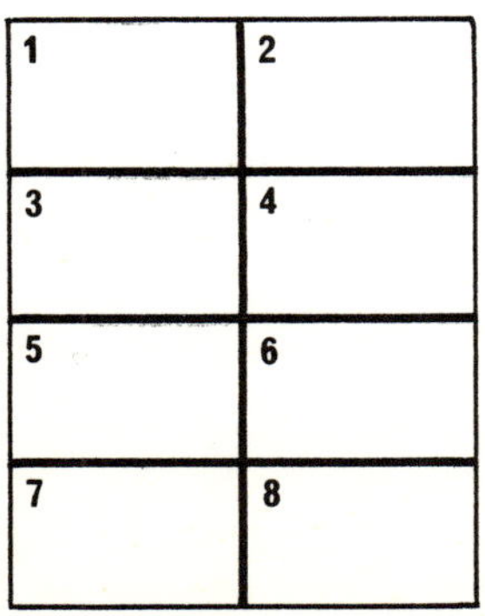

368* Silben-Kreuzundquer

In jedes Feld ist eine Silbe einzutragen; zusammenhängend gelesen, ergeben sich Wörter folgender Bedeutung:

1 + 3 Erbfaktoren
1 + 4 nicht nehmen
1 + 2 + 4 schwören
1 – 7 hohe Offiziere
1 + 3 + 6 gesunden
1 + 5 Stadt in Thüringen
2 + 4 ehren
2 + 6 wetten
2 + 5 weibl. Vorname
2 + 1 Theaterplatz
3 + 4 seitlich
5 + 1 Wut
5 + 4 Vögel
5 + 6 Grünfläche
6 + 1 Prügel
6 + 3 Almhirt
7 + 8 Todestrank
7 + 6 ernten
7 + 3 weibl. Vorname
7 + 4 Dasein
8 + 4 ägyptische Tempelstadt
8 + 6 Leitsätze

345* Ausfüllrätsel: Sinnspruch

Zu erraten sind neun Wörter mit je fünf Buchstaben, die von oben nach unten einzutragen sind. Die Buchstaben der 2. und 4. Querreihen ergeben – zusammenhängend gelesen – einen volkstümlichen Sinnspruch:

1 Angehöriger eines Indianerstammes in Mexiko – 2 Scheitelpunkt – 3 Droge – 4 Pferd – 5 Raubvogel – 6 Raubtier – 7 Wieselart – 8 Tierbehausung – 9 indianische Kopfbedeckung

1	2	3	4	5	6	7	8	9

264* Scharade 1 + 2

Das Erste ist nicht ohne,
das Zweite die Sonn' in der Nacht;
ganz aber hat ein ganzer Kerl
es doch zu nichts gebracht.

295* Verdoppelungs-Scharadoid 1 + 1 + 1

Auf Erstem doppelt geht's vorwärts;
bei Zweitem doppelt geht's abwärts;
der Dritte doppelt geht die quer;
das Ganze in der Welt umher.

234* Logisches Malheur

Was ohne mich, steht so schon fest,
was mit mir, sich erschließen läßt.
Doch keine Hoffnung fern und nah,
gilt von mir der Satz: A ist A.

258* Palindrom von und nach der Mitte

Oft ruft aus süßem Schlummer dreist
dich unser früher Schrei,
und aus- und einwärts leben meist
wir in Vielweiberei.

232* Homonym

Gehn' Maria und Jolante
durch den Garten mit der Tante,
spricht sie stets ein starkes Nein.
Rate, was der Grund mag sein!

244 Du weißt es, daß es der Trompete
getrennt in keinem Fall gebricht;
vereint hieß mancher wohl auf Erden,
wenn er auch grad Trompeter nicht.

165 Rebus

12 Steh ich vor dir,
so freust du dich.
Stehst du vor mir,
so scheust du mich;
steh ich vor dir,
so nährst du dich,
stehst du vor mir,
so wehrst du dich.

346* Ausfüllrätsel mit sportlichem Einschlag

Wenn alle 18 Begriffe, deren Bedeutung angegeben ist, mit je sechs Buchstaben in den Waagerechten eingetragen sind und dabei beachtet wird, daß in den Längsreihen b und c die Endbuchstaben der linken Wörter zugleich die Anfangsbuchstaben der rechten Wörter bilden, so ergeben sich in den Senkrechtreihen a bis d, von oben nach unten gelesen, vier Sportgeräte:

1 Reizmittelgabe – 2 Spott – 3 Badeort bei Berlin – 4 Kampfsport – 5 männlicher Vorname – 6 berühmter Schiläufer – 7 höflich – 8 Erdteil – 9 Tanzreformerin – 10 griechischer Mathematiker – 11 Aufbaumittel für Sportler – 12 Neuerung – 13 Umlauf – 14 griechische Göttin der Anmut – 15 Kartoffelgebäck – 16 Panne – 17 Reitermannschaft – 18 Gewichtsklasse der Schwerathletik

a					b					c					d
1					7					13					
2					8					14					
3					9					15					
4					10					16					
5					11					17					
6					12					18					

206 Ich helfe Kisten laden,
doch mach ich auch Scharaden.

13 Ich bin weiß oder schwarz,
habe Augen, bin blind;
Gewinn und Verlust bring
ich nicht ohne Zank hervor.

14 Mich siehst du nicht,
doch fühlst du mich.
Du weißt, daß ich
stets bin um dich.
Dein Leben kann ich
dir nicht geben,
doch kannst du ohne mich
nicht leben.

289 Was in dem ersten Paar du hattest,
erhascht sich das Ganze.
Merkst du es zeitig, du wirst:
„Haltet die letzte mir“ schrei'n.

284 Die ersten Silben lärmen,
die dritte kann uns wärmen;
das Ganze zittert,
von jedem Wort erschüttert.

226 Sie machet feist nur solche meist,
die speisen, bis man sie verspeist.
Er wuchs und stand auf Bergen dreist,
auf Wassern steht er jetzt und reist.
Du magst mir sagen, wie er heißt,
wenn sie nicht dir benahm den Geist.

15 Ritt ein Männlein über Land,
gewickelt und gewackelt,
hat ein Kleid von lauter Tand,
gezickelt und gezackelt.

16 Schnibelhölzchen
Schnabelhölzchen
Hündlein auf der Eichen –
hin ist hin, Sinn ist drin
und von uns zwei Zeichen.

17 Was hängt an der Wand,
das gibt dir jeden Morgen die Hand?

18 's ist drinnen nicht und draußen nicht,
es greint und hat kein Angesicht.

19 Es rüttelt sich
und schüttelt sich
und macht ein Häufchen
unter sich.

20 Kaltes mach ich warm,
Heißes mach ich kalt;
Reich hat mich und arm,
wer lang mich hat, wird alt.

21 Witschelwatschel
geht über die Brücken,
hat dem König
sein Bett auf dem Rücken.

23 Es sieht aus wie eine Katze,
hat Haare wie eine Katze,
maust wie eine Katze –
und ist doch keine Katze.

25 Es ist ein Tierl,
heißt Fißlfissierl,
es hat sich vermessen,
mit Kaiser und König zu essen.

115 Steckst du ein Haus in eine deutsche Stadt,
weißt du den Mann, der stets gelogen hat.

24 Ich kenne ein Bäumchen
gar fein und zart,
das trägt viel Früchte seltner Art.
Es funkelt und leuchtet
mit hellem Schein
weit in des Winters Nacht hinein.
Das sehen die Kinder
und freuen sich sehr
und pflücken vom Bäumchen
und pflücken es leer.

Vignette von Ludwig Richter

22 Sitzt einer auf dem Dach und raucht,
der weder Pfeif noch Tabak braucht.

27 Es trägt seinen Herrn
und wird von seinem Herrn getragen.

26 Ich rede ohne Zunge,
ich schreie ohne Lunge,
ich habe auch kein Herz
und nehm' doch teil
an Freud und Schmerz.

116 Nun sage wer kann:
Wie heißt dieser Mann,
so er verschwindet,
nur Fisch sich findet?

28* Des Frühlings Blüte tut sie kund,
des Sommers Sonne reift sie rund,
des Herbstes Farben malt sie bunt,
des Winters Feuer brät sie, und
wer sie verspeist, bleibt kerngesund.

231 Der ist überall willkommen,
darf zu sprödsten Schönen kommen.
Die kann durch ein leichtes Drücken
zarte Liebe hoch beglücken.
Das zu finden, ist oft schwer,
mancher trifft's von ungefähr.

30 Loch an Loch und hält doch.

29 Wer es macht, der nennt es nicht.
Wer es sucht, der kennt es nicht.
Findet er's, wird's hinterdrein
nicht mehr, was es war, ihm sein.

300 Mit dem E ist's silbergleich,
mit dem I dein Himmelreich,
mit dem O gar mild und weich.

202 Wer es hat, dem macht es Sorgen,
wer's nicht hat, entbehrt es schwer.
Hat er's nicht, so muß er's borgen,
hat er's, gibt er's wieder her.

212 Es wird gedreht, verknüpft, entwirrt,
kohlschwarz und weiß wie Schnee;
doch wenn es Kopf und Schwanz verliert,
dann freilich heißt's ade!

333* Code-Kreuzworträtsel

Zwei Rätsel in einem! Denn zuerst müssen Sie die „Geheimwörter“ entziffern, bevor Sie die Wörter im Klartext in die waagerechten oder senkrechten Reihen eintragen. Bei richtiger Lösung nennen die Buchstaben in den Kreisen 3-7-26-1-5-6-3-23-15-22, in dieser Reihenfolge gelesen, ein Sportspiel:

Waagerecht: 1 BAKRATTE – 8 SAUROC – 10 HORR – 12 TERME – 13 MAT – 15 LEES – 16 KLEIM – 18 TONNE – 19 BR – 20 ERLE – 21 OUS – 22 ALARU – 24 HERW – 25 VELMAN – 26 RIESELLE

Senkrecht: 2 TACH – 3 BRA – 4 MUR – 5 LEINSE – 6 OTTEM – 7 ALLEARAB – 9 FRIEGRUB – 11 AMO – 14 TEM – 16 RALKOR – 17 ULE – 18 UMENE – 19 RHO – 21 INES – 23 LAL – 24 WRE

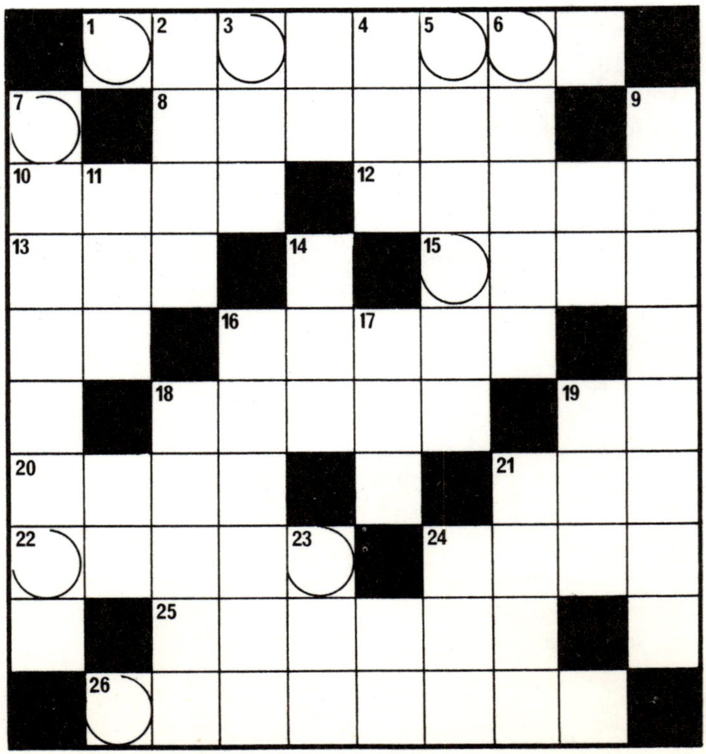

350* Diabolo

Von der Mitte ausgehen: Nach oben und nach unten immer einen neuen Buchstaben hinzunehmen, und aus der ganzen Buchstabengruppe durch Schütteln das neue Wort eintragen:
1 Reptil – 2 Unfug, Umtriebe – 3 Farbton – 4 Titelfigur: Roman von Nabokov – 5 ringförmige Koralleninsel – 6 Vorname der Montez – 7 die ganze Welt – 8 Abkürzung von Alfred – 9 Schmerzenslaut – 10 starkes Seil – 11 Unverletzlichkeit – 12 Verlobte – 13 Fruchtstand – 14 ausgeplündert – 15 so tun's die Buben – 16 junge Raben

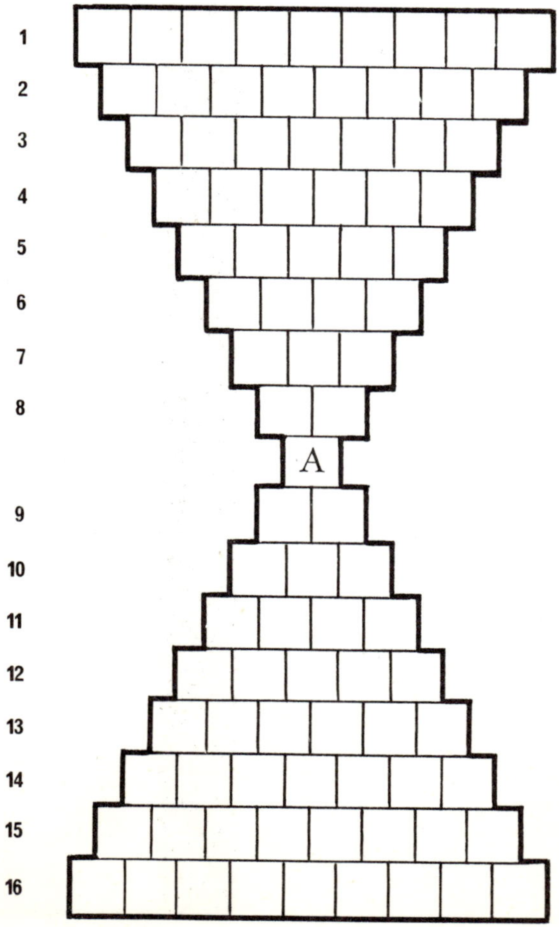

Gekreuztes Wort hinter gekreuzten Gittern

Vor nicht allzu langer Zeit – ein halbes Jahrhundert ist seither vergangen – hätte so mancher brave Bürger schockiert seinen Lieblingszeitvertreib zum Teufel gejagt, wenn er gewußt hätte, wer in Wahrheit der Urheber seines Vergnügens ist. Ein Sträfling hatte das Kreuzworträtsel erfunden.
Dabei litt der arme Mann bloß unter Langeweile. Und er hatte sträflich viel Fantasie. Ein anderer hätte sie für Ausbruchspläne genutzt. Er nicht; denn obwohl keineswegs arm an Gütern, trachtete er, sein Vermögen zu mehren. Mit Papier und Bleistift war er auf dem besten Wege dazu. Vielleicht gaben Gefängnisgitter die Eingebung, eines Tages ein Gitterrätsel zu basteln. Wie auch immer – aus einem wurden viele. Nicht mal der Anstaltsdirektor argwöhnte Schlimmes, als die Postzensur ihm die seltsamen Gebilde seines Häftlings vorlegte. Sie waren an eine Zeitung adressiert, erreichten sie, wurden gedruckt und mit wachsender Begeisterung geraten. Jetzt hatte unser Sträfling beide Hände voll zu tun, denn alle Welt verspürte plötzlich einen Heißhunger auf Kreuzworträtsel.
Fünf Jahre Haft vergingen wie im Fluge. Und als er seine Zelle verließ, war er Millionär. Bis an sein seliges Ende bastelte er Kreuzworträtsel um Kreuzworträtsel. Was Wunder, wenn Freunde das Symbol eines „Crossword" auf seinem Grabstein anbrachten. In Kapstadt ist er zu besichtigen; er deckt das Grab von Victor Orville.

328* Italienisches Kreuzworträtsel

Bei dieser Kreuzworträtselart sind die schwarzen Felder vom Rater selbst einzuzeichnen. Ihre Anzahl in den waagerechten und senkrechten Reihen ist jeweils in Klammern vermerkt. Ist das Rätsel richtig gelöst, ergibt sich ein symmetrisches Diagramm.

Waagerecht:
1 Republik in Mittelamerika / leichtes Beiboot / Stadt in Südfrankreich / mineralische Faser (3). 2 Einwand, Bedingung / Kanton der Schweiz / rechter Nebenfluß der Maas / Raubfisch / indianische Adelsschicht im alten Peru (4). 3 Hauptstadt Italiens / wissenschaftlich ausgebildeter Techniker / Tonbezeichnung (4). 4 Lob, Lobeserhebung / österreichisches Bundesland (7). 5 internationales Seenotzeichen / Mehrzahl von Visum / belgischer Badeort / Bantustamm / germanische Gottheit (4). 6 italienische Stadt mit schiefem Turm / Aufzug eines Theaterstückes / kalte Süßspeise / Astrolog Wallensteins (6). 7 psychologisches Experiment / Dünger / Monatsmitte im altrömischen Kalender (4). 8 Abkürzung für: im Ruhestand / griechische Muse der Liebespoesie / Wappenvogel / italienische Stadt am Po / japanisches Brettspiel (4). 9 sowjetische Hafenstadt am Kaspischen Meer / Religionsbuch der Mohammedaner / Fehllos / gebundene Schreibblätter (3). 10 französisch: und / Haarfarbe / mohammedanischer Name für: Jesus / Rundfunkgerät / Skatausdruck (4). 11 Weinstock / Oper von Richard Strauß / sauber (4). 12 Wahlzettelbehälter / amerikanischer Dichter des 19. Jahrhunderts / britische Insel / Schwimmvogel (6). 13 Nordwesteuropäer / besitzanzeigendes Fürwort / griechischer Buchstabe / inhaltlos / Gipfel auf Kreta (4). 14 Fußpunkt, Gegenpunkt zum Zenit / Beistand, Unterstützung (7). 15 Hausflur / Panzerechse / Elend (4). 16 Wasserstrudel / japanischer Staatsmann / Handlung, Geschehnis / Kopfbedeckung / lateinisch: im Jahre (4). 17 Vorname Carusos / Getränk / persönliches Fürwort / verrückte Angewohnheit, Verschrobenheit (3).

Senkrecht:
1 Hauptstadt Frankreichs / italienischer Fluß / Frauenname (2). 2 finnische Hafenstadt / Kameramann, Filmvorführer / nordisches Herdentier (2). 3 strafende Gerechtigkeit / österreichisch-italienischer Alpenpaß (2). 4 Flächenmaß / preußischer General, Organisator der Armee Washingtons / Abkürzung für: Rhode Island (4). 5 neuer Stern / Sammlung altnordischer Dichtungen (5). 6 Schmerzruf / Spitzname für den amerikanischen Soldaten (Abkürzung) / Bruder Esaus / Tierprodukt / Geliebte des Zeus (4). 7 Stadt in der DDR / Töpfermasse / Seeräuber (4). 8 Wacholderbranntwein / Handharmonika / Senkblei (2). 9 englisch: zu, bis / französischer Artikel (8). 10 betagter Mann / Sucht, Besessenheit / Auswahl, Auslese (2). 11 Weltorganisation / Vater (Koseform) / Kartenspiel / chemisches Zeichen für: Gallium (5). 12 vorzüglich, prächtig / feierliche Amtstracht / italienische Geigenbauerfamilie (2). 13 persönliches Fürwort / frühere deutsche Währung (8). 14 Nachtraubvogel / elektrischer Fisch Südamerikas / Gehörorgan (2). 15 sagenhafter walisischer König / weibliche Stifterfigur im Dom zu Naumburg / indischer Staatsmann (4). 16 Dreifingerfaultier / Autokennbuchstaben von Israel / Bezeichnung für das Glaubensbekenntnis / Ausruf des Entzückens / Abkürzung für: Turnerschaft (4). 17 zerbröckelte Kohle / Laubbaum (5). 18 chemisches Zeichen für: Wismut / gehörntes Fabeltier / chemisches Zeichen für: Aluminium (4). 19 Teil der Insel Großbritannien / französischer Männername (2). 20 Wintersportgerät / germanischer Sagenheld / englisch: eins (2). 21 Trinkgefäß / musikalische Zeichen / Männername (2).

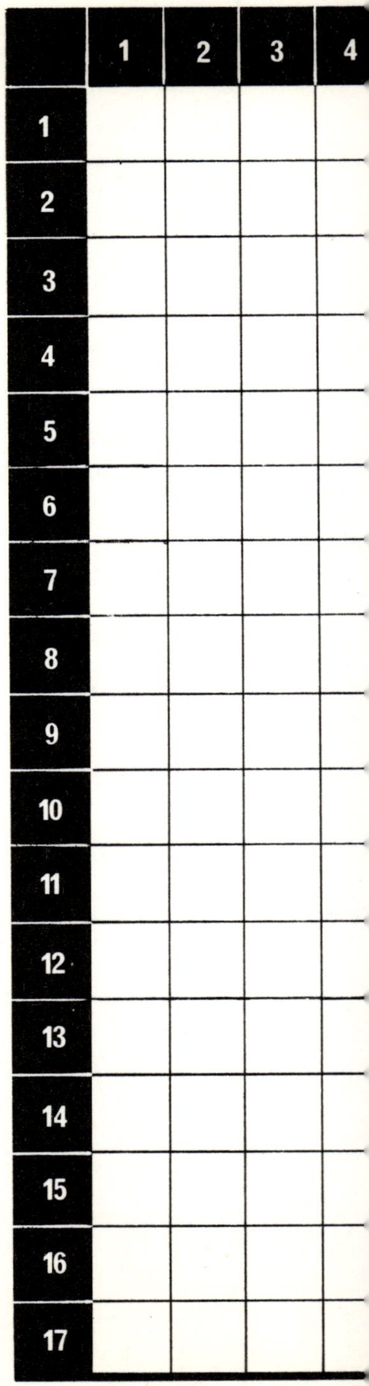

5	6	7	8	9	10	11	12	13	14	15	16	17	18	19	20	21

339* Leiterrätsel

Werden die aufgeführten 50 Buchstaben: A – A – A – C – C – C – C – D – E – E – E – E – E – E – E – E – G – H – H – H – H – I – I – I – I – I – I – I – L – L – L – M – M – N – N – N – N – O – O – O – P – R – R – R – S – S – S – S – V sinngemäß in die waagerechten und senkrechten Reihen eingeordnet, ergeben sich Wörter folgender Bedeutung:

1 heimisches Nagetier
2 tropische Vogelart
3 italienische Westinsel
4 Urbild weiblicher Schönheit
5 römische Adelsfamilie
6 Name ägyptischer Könige
7 Stadt am Comer See
8 weiblicher Vorname

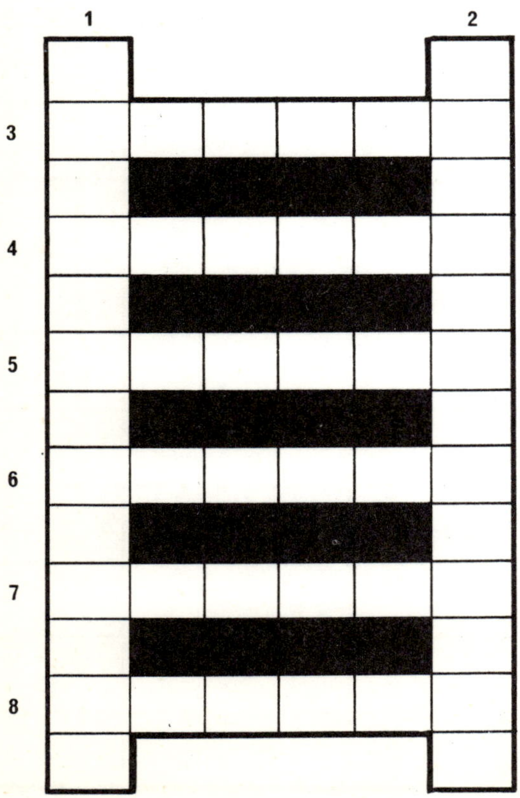

31* Mangelhafter Ruheplatz

Nächtens in seliger Ruh'
unter der Decke schläfst du.
Nur seltsam: sie wärmt nicht
(doch der Nachteil härmt nicht),
sie deckt dich auch gar nicht zu.

32* Ärmliches Ding

Für wenig Geld
reise ich um die Welt:
In sehr jungen Tagen
mit Metall geschlagen.
Oft angeguckt.
Einmal bespuckt.
Scharfzähnig gerissen,
hab ich keinen gebissen.
Täglich mehr wert.
Wohl dem, der mich ehrt.
Wohl dem, der mich pflegt,
im Alter noch hegt.
Ihm bring ich Gewinn,
so ärmlich ich bin.

114* Spiegeleien

Du schaust hinein,
du blickst heraus:
du bleibst immer du.
Du schaust hinein,
es blickt heraus,
ein Auge lacht dir zu.
Für beides find' ein Wort;
es sind zwei Spiegeleien,
doch nicht an einem Ort.

117* Drei einsilbige Wörter

Im Ersten steckt das Bein,
Zwei steckt im Kartenspiel;
doch Drei, das ist nur ein
Teil, von dem das Haupt abfiel.

275 Scharade

Die Erste findet ihr in jeder Schar.
Ade! so ruft die Zweite immerdar
den Scheidenden, wenn sie uns lieb gewesen.
Das Ganze habt ihr eben jetzt gelesen.

33 Ich bin ein zartes Kind,
zum Sterben auserkoren,
doch wird aus meinem Tod
die Mutter neu geboren.

143 Ich bin auf dunklem Weg
dem Reisenden ein Führer,
sprichst du mich anders aus,
so tut's der Tapezierer.

34 Du kennst ihn!

Es sind zwei Stützen,
darauf liegt ein Fäßchen,
daran sind zwei Handhaben,
auf dem Fäßchen eine Klappermühle,
darauf zwei Rauchlöcher,
darauf zwei Lichter,
darauf ist ein Wald,
darin läuft jung und alt.

239* Schreck im Schreck

Den Schrecken der Berge
stell zwischen zwei Zeichen:
den Schrecken der Straßen
umher siehst du streichen.

347* Einfache Pyramide

Von Zeile zu Zeile kommt ein neuer Buchstabe hinzu. Das Ganze geschüttelt, ergibt den neuen Begriff.

1 Vokal
2 Spielkarte
3 Mutterschwein
4 biblischer Name
5 nicht süß
6 rein
7 landwirtschaftlicher Zweig
8 Sproß am Gehölz
9 großer Baum
10 Baufachmann
11 geprüfter Brausachverständiger

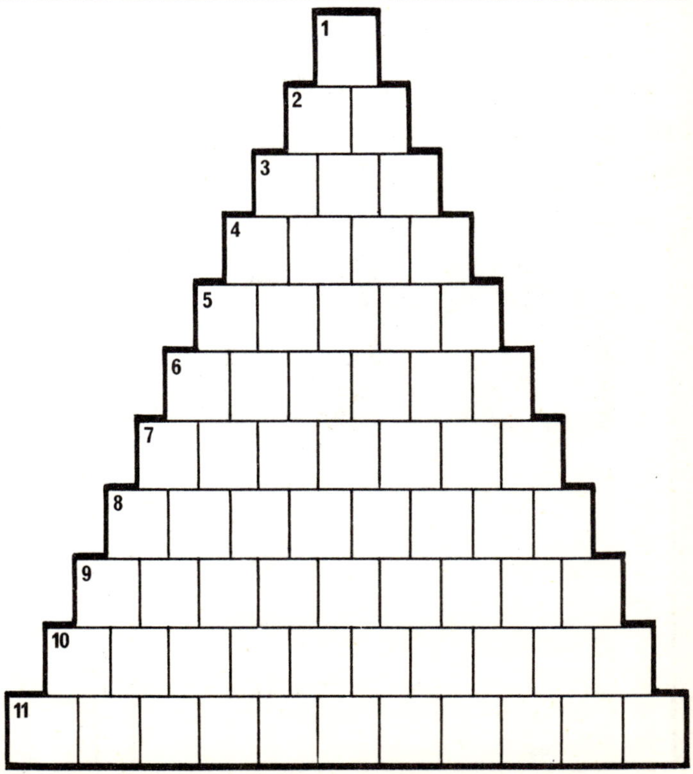

166 **Rebus**

288 Scharade

Mein Erstes ist nicht schmutzig;
mein Zweites ist nicht rund;
mein Ganzes ist ein schlaues Tier,
weit schlauer als der Hund.

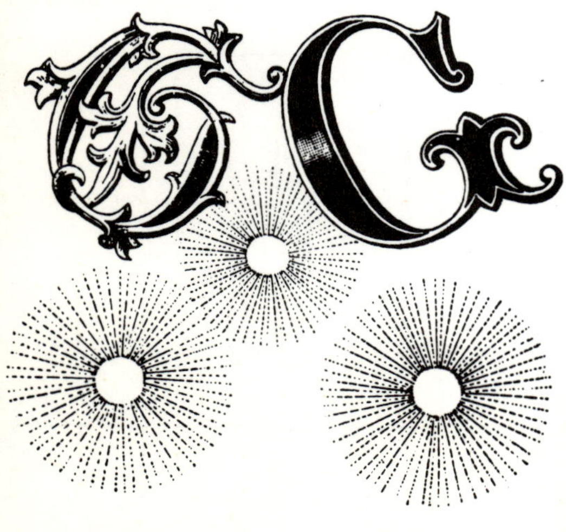

167 **Rebus**

352* Ausfüllrätsel: Von hinten wie von vorn

Die gesuchten 13 Wörter sind Palindrome, also spiegelgleich, die von vorn wie von hinten gelesen immer das gleiche bedeuten:

1 altes Maß
2 schnelles Pferd
3 männlicher Vorname
4 Gezeit
5 Helfer in der Not
6 Feldgerät
7 Verwandte
8 weiblicher Vorname
9 Schlot
10 foppen, narren
11 angeben
12 Tier zum Reiten
13 Vorrat an Gestellen

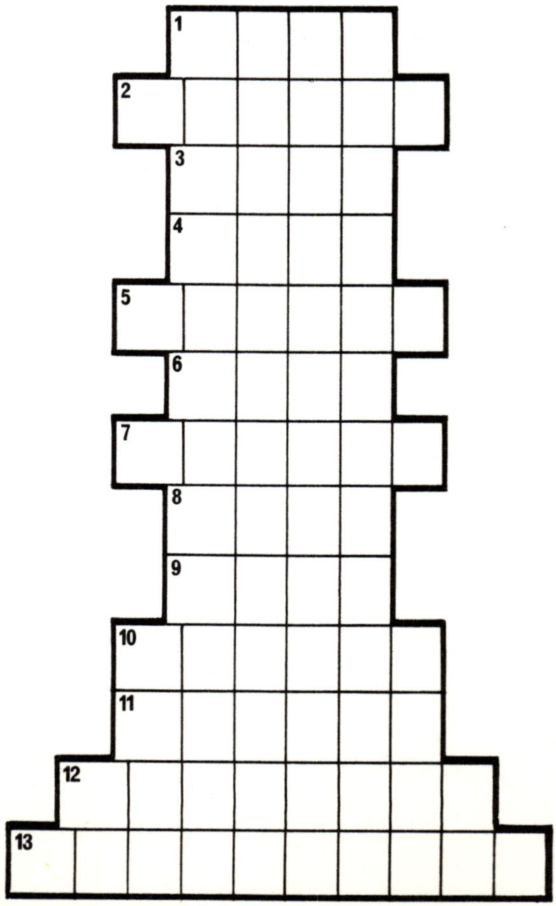

380* **Gut verborgen**

Drei Städtenamen sind in den drei Rebussen verborgen. Zuerst die Bildteile aufschlüsseln. Schreibt die Namen der Darstellungen in Großbuchstaben auf ein Blatt Papier (Nuß = NUSS). Nun die angegebenen Buchstaben sinnvoll hinzufügen (+) oder abziehen (—). Wer richtig „gerechnet" hat, erfährt leicht die drei Namen der deutschen Städte. Wie heißen sie?

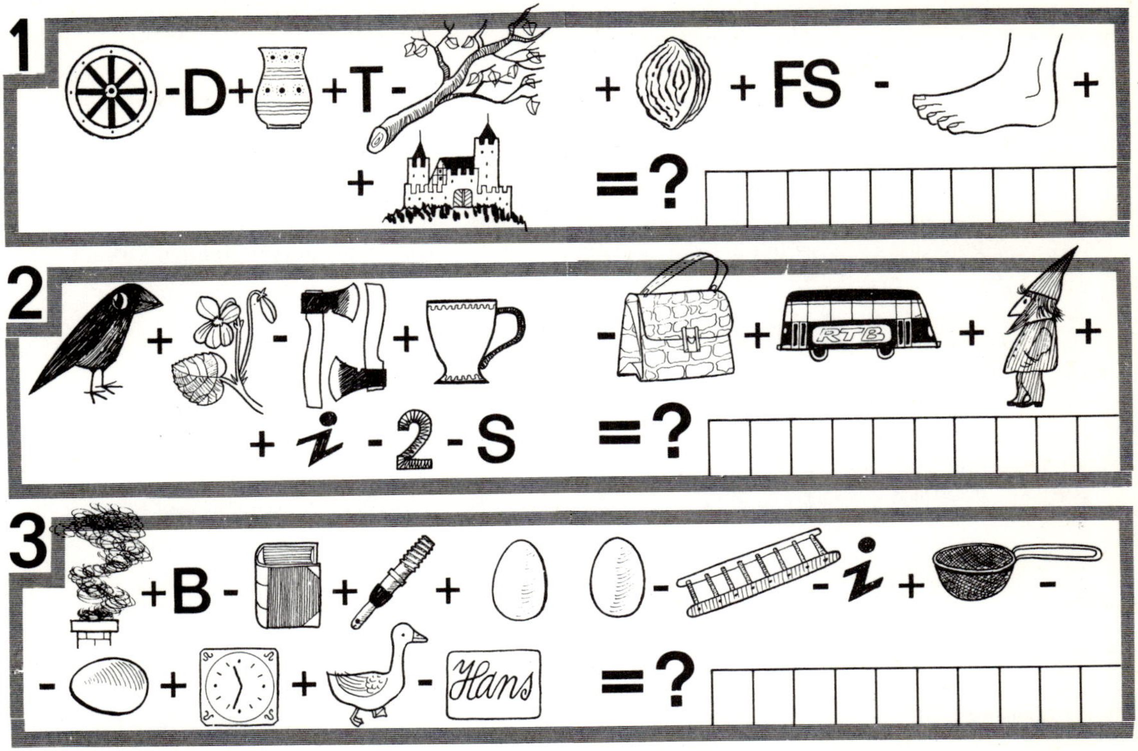

37 Es hat zwei Flügel
und kann nicht fliegen.
Es hat einen Rücken
und kann nicht liegen.
Es hat ein Bein
und kann nicht stehen.
Es kann laufen,
aber nicht gehen.

36 *Es geht ein Mann im Grase,*
hat eine lange Nase,
hat rote Stiefel an
und dreht sich wie ein Edelmann.

118* Das Wesen, das ich meine,
hat wie du zwei Beine;
setzt du ihm ein Zeichen vor,
läuft's auf 3×2 hervor.

38 *Der arme Tropf*
hat einen Hut
und keinen Kopf
und hat dazu
nur einen Fuß
und keinen Schuh.

35 Wer hat Hände und kann nicht reißen?
Wer hat Zähne und kann nicht beißen?
Wer hat Füße und kann nicht gehen?
Wer hat Augen und kann nicht sehen?

185 Königlicher Rätselspaß

Wie Persönlichkeiten von Rang untereinander geistreichen Witz gepflogen haben, überliefert eine Rebusanekdote. Voltaire, französischer Dichter und Philosoph, lebte einige Jahre am Hofe Friedrichs des Großen in Potsdam. Eines Tages erhielt er ein Billett mit folgender Einladung:

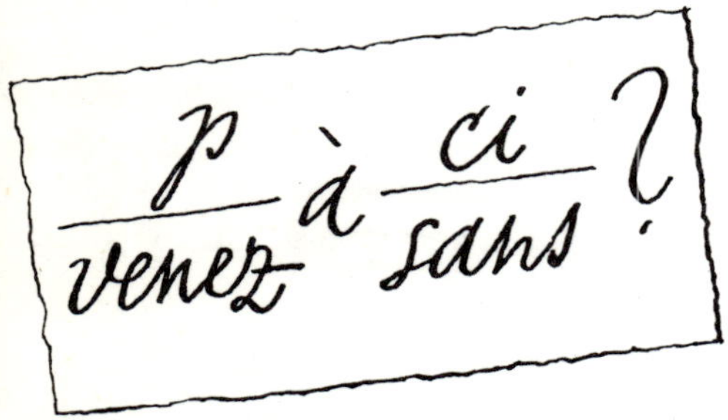

Voltaire antwortete ebenso charmant wie geistreich:

Die Auflösung setzt Kenntnis der französischen Sprache voraus.

369* Silben-Kreuzundquer

In jedes Feld ist eine Silbe einzutragen. Zusammenhängend gelesen, ergeben sich Wörter folgender Bedeutung:

1 + 2 Grünfläche
1 + 3 Wut
1 + 4 Vogel
2 + 3 Prügel
3 + 1 Stadt in Thüringen
4 + 2 Kehrgerät

1	2
3	4

216 Turandot-Rätsel

Ein Vogel ist es, und an Schnelle
buhlt es mit eines Adlers Flug,
ein Fisch ists und zerteilt die Welle,
die noch kein größres Untier trug.
Ein Elefant ists, welcher Türme
auf seinem schweren Rücken trägt,
der Spinnen kriechendem Gewürme
gleicht es, wenn es die Füße regt,
und hat es fest sich eingebissen
mit seinem spitzgen Eisenzahn,
so stehts gleichwie auf festen Füßen
und trotzt dem wütenden Orkan.

218 Turandot-Rätsel

Zwei Eimer sieht man ab und auf
in einen Brunnen steigen,
und schwebt der eine voll heraus,
muß sich der andre neigen.
Sie wandern rastlos hin und her,
abwechselnd voll und wieder leer,
und bringst du diesen an den Mund,
hängt jener in dem tiefsten Grund,
nie können sie mit ihren Gaben
in gleichem Augenblick dich laben.

230 Homonym

Wir sind's gewiß in vielen Dingen,
im Tode sind wir's nimmermehr,
die sind's, die wir zu Grabe bringen,
und eben diese sind's nicht mehr.

Denn, weil wir leben, sind wir's eben
von Geist und Angesicht;
und weil wir leben, sind wir's eben
zur Zeit noch nicht.

39 Auf dem weißen See schwimmt eine rote Rose.
Willst du die schwarzen Fischlein sprechen,
mußt du die rote Rose brechen.

40 Der es macht, der will es nicht;
der es trägt, behält es nicht;
der es kauft, der braucht es nicht;
der es braucht, der weiß es nicht.

41 Sie ging mit eins und zwei,
ich gab ihr das Geleite.
Drauf bat ich sie um eins,
da gab sie mir das zweite.

42 Ach ach ach –
wer läuft mir immer nach?
Es ist ein kleiner schwarzer Mann,
der nicht lesen und beten kann.

130 Es liegt herum, doch nicht umher,
rückwärts gelesen täuscht es sehr.

43 Immer ist es nah,
niemals ist es da,
wenn du denkst,
du seist daran,
nimmt es
andern Namen an.

135 Es frißt sein eignes Hinterteil,
den Kopf verschlingt die Kuh;
und dennoch bleibt es gottlob heil,
singt uns vergnügt dazu.

270

Die Ersten sind ein Untertan,
die Dritte ist ein Untertan;
das Ganze ist ein Untertan,
der von dem andern Untertan
wird unter den Ersten Untertan
ganz untertänigst getan.

324* Lustiges Silbenrätsel

Aus 68 Silben sind 21 Wörter folgender Bedeutung zu bilden. Abwechselnd ergeben die 1. und 2. Buchstaben der Lösungswörter, von oben nach unten gelesen, eine bereits genannte Rätselart.

a – an – aus – baer – bar – bart – ber – ber – blick – brük – den – e – egg – ei – ei – er – fer – fer – ge – gei – ger – ger – ha – head – hel – im – ka – ka – kae – ke – kel – kie – lat – le – leucht – lieb – men – mus – nen – no – os – pos – reim – rest – rohr – sauf – schen – se – sels – sen – sen – sil – spitz – stab – stadt – steh – stoeckl – stras – tanz – ten – ter – ter – ter – ti – un – wit – witz – zug

1 Pantoffelgewächs
2 Amateursportlern sehr anhängliches Haustier
3 nichtrasierter Tiersammler
4 Stockvers
5 Bienengemeinde
6 us-artiger Intelligenzler
7 Übergang für ein bestimmtes Haustier
8 eintägiger Angeber mit fremdem Legegut
9 Musikprofi ohne Sitzplatz
10 Geschau aus Edelmetall
11 Würzpflanze mit Sex-appeal
12 Bindewort mit Humor
13 rhythmisches Vergnügen von Legeprodukten
14 Donnerwetter bei einer Weltorganisation
15 Überbleibsel auf Wache
16 als heilig angerufener Geschoßausstoß
17 metallische Manneszier
18 Bekleidungsstück für Verkehrsadern
19 Trinkleer
20 klare Sänger aus alter Zeit
21 dufte „Biene“ mit Lichteffekt

1 __________
2 __________
3 __________
4 __________
5 __________
6 __________
7 __________
8 __________
9 __________
10 __________
11 __________
12 __________
13 __________
14 __________
15 __________
16 __________
17 __________
18 __________
19 __________
20 __________
21

348* Riesenpyramide

Von Zeile zu Zeile kommt ein neuer Buchstabe hinzu. Das Ganze – geschüttelt – ergibt den neuen Begriff. Ein Rätsel für humorvolle Knobler mit sehr viel Ausdauer!

1 Vokal
2 Feldmaß
3 Lokal
4 Untat
5 Teil des Auges
6 Braufachmann
7 Bauherr
8 Brauanstalt
9 Anbauer einer bestimmten Getreideart
10 Schweinehirt
11 wo Untäter hausen
12 Eigner wertvollen Schwermetalles
13 das Bierglas steht drauf
14 Konferenz von Fachleuten
15 Art der Zubereitung
16 Leibwäsche für Berufstätige
17 Zeitspanne für Funksendungen
18 kostenlose Übertragung in die Fremdsprache
19 Leistungsbescheinigung für Landarbeiter

Waagerecht: 1 italienischer Maler, Lehrer Tizians (um 1477–1510). 9 Nadelbaum. 13 Geliebter der Julia. 14 Gasgemisch mit hohem Methangehalt. 16 geschichtliche Jahrbücher. 17 Geldschränke, Stahlkammern. 18 Fluß in den Balchaschsee. 19 Abkürzung für: im Ruhestand. 21 chemisches Element. 22 Wegstrecke des Kolbens im Zylinder. 23 lateinisch: im Jahre. 25 Abkürzung für: Schachklub. 26 Raubkatze Asiens. 27 Pferdegangart. 29 Verbindungsstück aus Flachstahl. 32 Längenmaß. 33 Hauptstrom Westsibiriens. 34 Stadt in Marokko. 36 chemisches Zeichen für: Lithium. 37 direkt, soeben. 39 südafrikanische Antilope. 41 linker Rhonezufluß. 42 Stück vom Ganzen. 43 weibliches Märchenwesen. 44 Lasttier. 45 männlicher Vorfahre. 46 Seesäugetier. 48 Vorbilder. 49 Festsaal. 51 Organisation der Vereinten Nationen für Erziehung, Wissenschaft und Kultur. 52 Gerät zur Unterwasserjagd. 54 Viehhüter. 55 Abkürzung für: und so fort. 56 britische Insel. 57 französischer Artikel. 58 Ausruf der Freude. 60 Mostrich. 61 tropische Frucht. 64 Knocheninneres. 66 Bretterhütte, Verkaufsstand. 68 Gipfel der Berner Alpen. 70 einhöckeriges Kamel. 73 Präposition. 74 englisch: eins. 75 chemisches Zeichen für: Argon. 76 Alpenpaß im Salzburgischen. 79 Monatsname. 80 Staat in den USA. 83 Spion. 85 Umstandswort. 86 Autokennbuchstaben der Niederlande. 87 chemisches Zeichen für: Iridium. 88 biblischer Stammvater der Semiten. 89 Tonbezeichnung. 92 spanischer Fluß. 94 Küchengewürz und Essigzusatz. 97 Hirsch arktischer Gebiete. 98 deutsch-österreichischer Grenzfluß. 100 Komponist der Operette „Der Vogelhändler". 101 Bergwiese. 103 Stadt in Nordrhein-Westfalen. 106 Abkürzung für: Mister. 107 Singvogel. 110 nicht weit. 111 männliches Schwein. 113 Lanzenreiter (Mehrzahl). 115 ältester Vertreter einer wissenschaftlichen Disziplin. 116 Hauptstadt des Kantons Aargau.

Senkrecht: 1 Lehre von der Charakterdeutung aus der Handschrift. 2 elektrisch geladenes Teilchen. 3 Verkehrsmittel. 4 wirklich, tatsächlich. 5 von David mit der Schleuder getöteter Riese des Alten Testaments. 6 mittlerer Teil des Teutoburger Waldes. 7 sehr kurze Zeitspanne. 8 nordwestdeutscher Fluß. 9 Wertpapiere. 10 Stacheltier. 11 Schlagballspiel. 12 persönliches Fürwort. 15 Legitimation. 20 deutscher Entdekker der Durchleuchtungsstrahlen (1845–1923). 24 Fehllos. 28 sandfarben. 30 Staat in Afrika. 31 Modetanz nach dem ersten Weltkrieg. 32 unterirdisch lebender Insektenfresser. 35 einfarbig, nicht gemustert. 38 Schiffseigner. 40 Steinfrucht. 42 englischer Artikel. 45 Liliengewächs. 47 quälendes Schlafgespenst. 49 Kadaver. 50 Schweizer Großstadt. 51 deutscher Dichter (1787–1862, „Ich hatt' einen Kameraden"). 52 wohlschmeckender Meereskrebs. 53 norwegischer Polarforscher (1861–1930). 59 Besitztum. 60 Wintersportgerät. 62 Dauerbezug von Zeitschriften. 63 Staat in Afrika. 65 musikalische Ausstattungsstücke. 67 Hauptstadt von Tansania. 69 witzige Einfälle. 71 rote Schminke. 72 besitzanzeigendes Fürwort. 76 Abkürzung für: laufenden Jahres. 77 Laubbaum. 78 englischer Dichter (1788–1824, „Ritter Harolds Pilgerfahrt"). 79 Gegenteil der Neinstimmen. 81 Fragewort. 82 irischer Name Irlands. 84 Pfote, Raubtierfuß. 90 Nordwesteuropäer. 91 Windstoß. 93 österreichisch-italienischer Alpenpaß. 95 Zuckerguß, glasiger Überzug. 96 Abkürzung für: Nummer. 99 Wundmal. 102 Unbill, Kränkung. 104 Roman von Zola. 105 Ausruf des Wohlbehagens. 107 Haltung, Aussehen. 108 spanischer Artikel. 109 niederösterreichische Stadt an der Thaya. 112 Tonbezeichnung. 114 chemisches Zeichen für: Natrium.

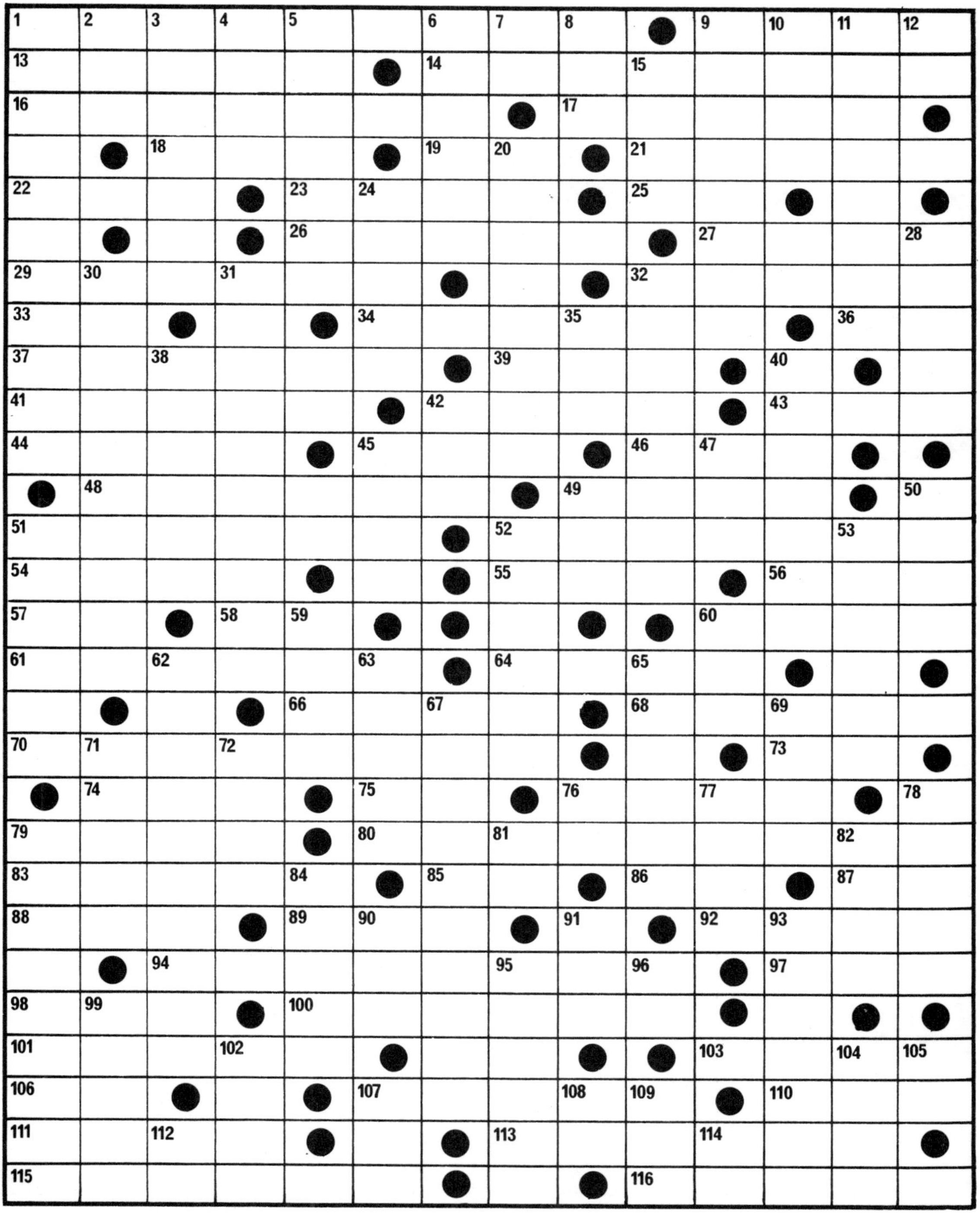

168 Spiegelrebus, der rechts oben beginnt.

45 Wer es wagt, hat keinen Mut.
Wem es fehlt, dem geht es gut.
Wer's besitzt, ist bettelarm.
Wem's gelingt, der ist voll Harm.
Wer es gibt, ist hart wie Stein.
Wer es liebt, der bleibt allein.

Graf Bobbi gibt ein Rätsel auf

Graf Bobbi und Oberkellner Karl vom Café Wien verstanden sich bestens. Karl wußte Bobbi stets die neuesten Witze und Rätsel zu erzählen, dieser gab sie dann an seine Freunde weiter. In seiner Art. So gab Karl eines Tages dieses Rätsel auf: „Hörn's, Graf Bobbi, wer ist das: Es ist meines Vaters Sohn und doch nicht mein Bruder?" – „Das ist schwer", erwiderte Bobbi, „das ist viel zu schwer." – „Aber, Herr Graf, nichts ist einfacher – ich bin's!" – „Na sowas! Wahrhaftig, Sie sind's!" Bobbi eilt zu seinen Freunden: „Hört, ratet wer ist das: Es ist meines Vaters Sohn und doch nicht mein Bruder?" – „Geh', Bobbi, willst uns bloß leimen? Das bist du selbst." – „Falsch geraten!" sagt Bobbi triumphierend, „der Oberkellner Karl ist's vom Café Wien!"

Für Leser, die noch niemals einen Bobbiwitz gehört haben: Graf Bobbi – eine legendäre, gutmütige Witzfigur – gilt als der naiv-vertrottelte Repräsentant des alten Wien der k. u. k. Monarchie.

203 Ich hab ein Ding im Sinn,
wohl lieben es die Mädchen traut,
es liegt um ihre zarte Haut,
doch stecken Nägel drin.

301 Buchstabenrätsel

Mit einer Silb' ist's abgetan;
Was ist es? Flügel hat's am Leib.
Mit einem A ist es ein Mann,
mit einem U desselben Weib.

46 Es kommt vom Leben,
hat kein Leben
und kann doch jedem
Antwort geben.

267 Scharade

Wer aus den ersten beiden
sehr oft die Dritte tut,
den könnt ihr unterscheiden
an seiner Nase Glut.

Sonst geht stets aus den Höhen
herab des Steines Lauf;
das Ganze läßt ihn gehen
hoch in die Luft hinauf.

292* Scharadoid 1 + 1 + 3

Wer rät, wie das Letzte im Glas, ein Schrei
und eine Soldatenportion dabei
ein Ort zum Essen und Trinken sei?

372* Plus und Minus: Wie heißt der Maler?

Die fehlenden Wörter in der Mittelreihe sind jeweils durch Zugabe der linksstehenden und durch Wegnahme der rechtsstehenden Buchstaben vom darüberstehenden Wort zu bilden. Es ergeben sich als neue Wörter die der angegebenen Bedeutung:

1 Opfertisch – 2 Brettspiel – 3 Karnevalsgruß – 4 Inselgruppe im Mittelmeer – 5 Lebensabschnitt – 6 Abfall, Müll – 7 Hausvogel – 8 Unterbrechung – 9 dicker Fruchtsaft – 10 Beschäftigung – 11 Baumfrucht – 12 Verdauungsflüssigkeit – 13 französischer Impressionist

	+	MALER	–
1	AT		EM
2	HM		TR
3	AF		HM
4	MT		AF
5	ER		AM
6	NU		EL
7	BE		NR
8	PS		BT
9	IR		AE
10	EL		RU
11	AF		IS
12	GL		FP
13	DS		LL

1	2	3	4	5	6

353* Ausfüllrätsel: Zwei Maler

Sechs Wörter nachfolgender Bedeutung werden gesucht. Sind sie von oben nach unten in die senkrechten Reihen eingetragen, ergeben sich in den Diagonalen von links oben nach rechts unten ein französischer Maler und von links unten nach rechts oben ein deutscher Maler:

1 Paladin Karls des Großen – 2 zurück – 3 Wandverkleidung – 4 Losungswort – 5 Kleinholz – 6 Storchenvogel

BERT S. O'LEN
GERA

247* Welchen Beruf hat der Herr?
Visitenkarten-Rätsel
248* Wo ist sie im Urlaub?

PATRICIA SCHRENGK

MEHRN

354* Wabenrätsel

Jeweils im markierten linken oberen Feld über der Zahl beginnend, sind 24 Wörter mit je sechs Buchstaben nachfolgender Bedeutung im Uhrzeigersinn einzutragen:
1 Erdteil – 2 Ureinwohner Spaniens – 3 schnell – 4 Apfelsorte – 5 Warenmenge – 6 Anordnung – 7 deutscher Erfinder – 8 Tonleiter – 9 musikalische Übung – 10 Stadt an der kurischen Nehrung – 11 weiblicher Vorname – 12 fahrender Sänger – 13 Erfinder der Klarinette – 14 Wertpapiere – 15 Mitgift – 16 Quellnymphe – 17 deutscher Sozialist – 18 vereitert – 19 Stadt des Altertums am Mittelmeer – 20 Staat der USA – 21 Unverheiratete – 22 europäischer Staat – 23 unwirklich – 24 Haartracht der Mönche

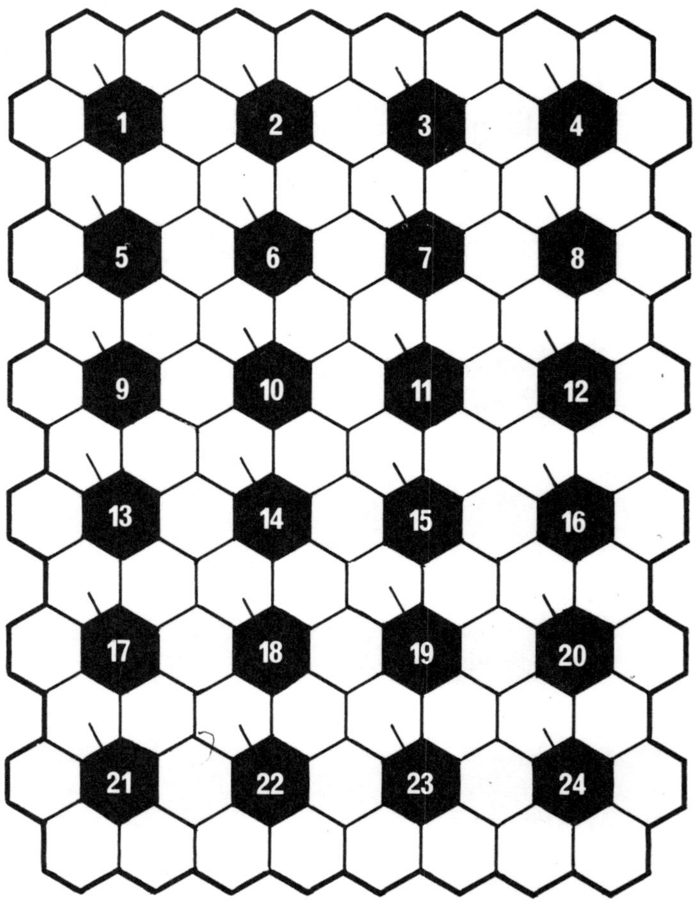

208 **Der Jüngling und das Mädchen**

Zwei kurze Laute sage mir;
doch einzeln nicht – so spricht ein Tier!
Zusammen sprich sie hübsch geschwind:
du liebst mich doch, mein süßes Kind?

204 Meine Mutter ist ein dummes Tier,
doch große Weisheit fließt aus mir.

287 Die Erste ist nicht der und das,
die Zweite ist nicht das und die,
die Dritte ist gewiß nicht du,
sie ist nicht er, nicht es, nicht sie;
das Ganze ward im deutschen Land
schon mancher brave Mann genannt.

268 Im Ersten Beten und Singen erklingt;
das Zweite betet, das Ganze singt.

44 Bin ich davor, dann bin ich darin;
bin ich darin, dann bin ich davor.

273 Die Erste frißt,
der Zweite ißt,
das Drittewird gefressen,
das Ganze wird gegessen.

196* **Unermüdliche Leiter**

Eine umgelegte Leiter
blieb nicht liegen, rannte weiter,
läuft um meinen Garten ganz,
beißt sich selber in den Schwanz.

282 **Scharade**

Es muß das ganze Wort,
hat man's mit List gefangen,
durch seines Dritten Kraft
hoch an demErsten hangen.

210 Die Schöpfung hat nur einen,
doch jeder Schöpfbrunn' seinen.

278 Wer ist das Erste?
Wer hat die Zweite,
das Ganze zu schlucken,
ohne zu mucken?

260 Zuweilen ist sie angenehm,
zuweilen auch fatal.
Jedoch, wenn du sie umgedreht,
dann bleibt sie stets egal.

236* **Homoionym**

Säumt die Gefallenen nicht vereint,
eh' es am Himmel getrennt erscheint.

329* Modernes Riesen-Kreuzworträtsel

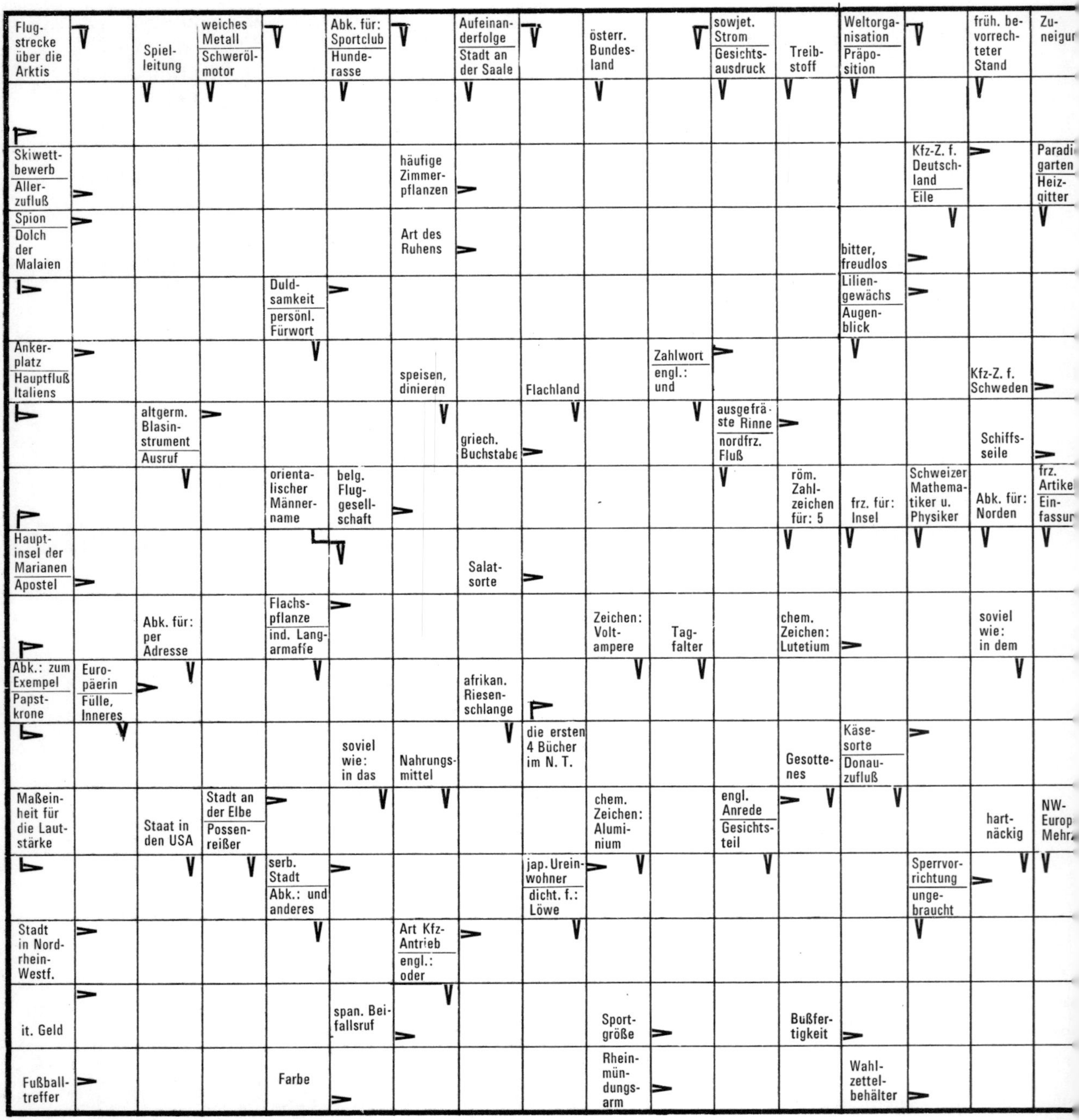

	Tatkraft / Abk. für: oder		Abk. für: Pferdestärke			Staat in den USA / Lithiumzeichen	Druckschrift	jugosl. Insel / Kinderspielzeug			austral. Laufvogel / Abk. für: Mister	veraltete Anrede / Ackergerät		witzige Filmidee	Schwärmer	Schweizer Nationalheld
			österr. Alpen- u. Seenlandschaft / Edelgas													
				Stadt an d. Weser / Art Heiligenbild									griech. Göttin / Verwandter			
	Nahrungsmittel					Abk. für: Radio Italiana			irischer Name Irlands	rein, nach Abzug	russ. Dichter / Abk. für: Nummer					
	motorsportl. Wettbewerb / Zweikampf													Kfz-Z. f. Polen / Spielkarte		
tl. htier : im tal												Uferstraße / Jahreszeit				Wesfall von „ihr“
			chem. Zeichen: Stickstoff		früh. f.: untätig, träge / Gewässer						dt.-schw. Dichter / Abk.: zu Händen					
		Schmerzruf	Fürwort / Abk. für: Television			Zeichen: G-Dur / Geschöpf, Kreatur		Sagenname Attilas						Abk. für: Technische Universität		
				frz.: und / röm. Sonnengott			Stadt an der Weißen Elster		Sinnesorgan				Kfz-Z. f. Italien	Stadt an der Loire	Vorname Hemingways	
.: nke									griech. Liebesgott	Abk. für: nächsten Monats	Nagetier					
	Richtung, aus der der Wind kommt	Rückstände beim Keltern u. Brauen	Rheinzufluß		auszeichnen / aus Erz od. Bronze						langes, schmales Halstuch		schweiz.-frz. Fluß			Kfz-Z. f. Großbritannien
							Marderart									
	Abk. für: Rhein / Viehfutter			Landstreitmacht		Kfz-Z. f. Island		erster Mensch auf dem Mond		leitender Vorgesetzter		Schlag / Aufzug, Fahrstuhl				
																Schwanzlurch
			zuvor, zunächst / Bariumzeichen					Kicherlaut	dicht. f.: Wald					engl.: zu, bis / Skatausdruck		
ben, i- ren						Abk. für: ehrenhalber			umgangssprachl. für: Elfmeter / Abk. für: forte						Abk. für: Liter	
	selten				Handhabe, Stiel						Abk. für: Tonne		Braunschweiger Höhenzug			

355* Ausfüllrätsel im Dreieck I

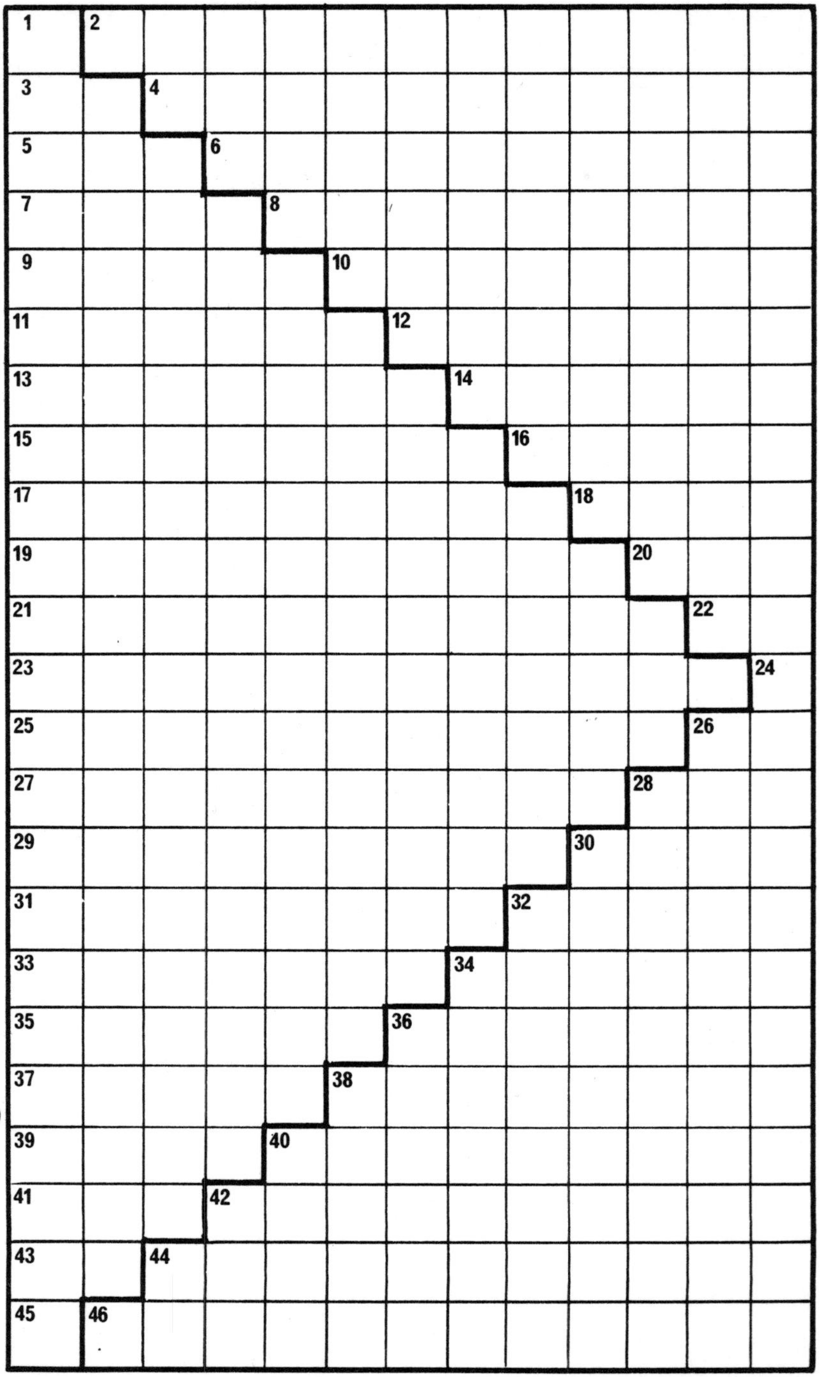

Die gesuchten Wörter angegebener Bedeutung nehmen im linken Teil je Zeile um einen Buchstaben zu, die im rechten Teil um einen Buchstaben ab. Von der Mitte an ist's umgekehrt. Wortanfang jeweils im Zahlenfeld:

1 KfzZ. Regensburg
2 Betriebschef
3 KfzZ. Rosenheim
4 amtliche Wettstelle
5 Farbton
6 Luftwirbler
7 Stadt am Inn
8 Reptil
9 Horde, Schar
10 Gewaltherrscher
11 berühmter Club
12 Ratsherr
13 jagdbares Wild
14 Erzieher
15 Karpfenfisch
16 Drehteil an elektr. Maschinen
17 Stadt in Holland
18 berühmter Modeschöpfer
19 Weltbankhaus
20 Einfahrt
21 Singvogel
22 englisch: oder
23 Paß in den Karpaten
24 KfzZ. Rumänien
25 tropischer Baum
26 französisch: Gold
27 Hunderasse
28 Einfältiger
29 Gaunersprache
30 Vorhang
31 Gemüsepflanze
32 Schriftsteller
33 Rundbau
34 akademischer Titel
35 franz. Dramatiker (1609–1650)
36 Aufsichtsgerät
37 altes Zupfinstrument
38 Hebewerk
39 höchstes kath. Gericht
40 Thronräuber
41 KfzZ. Rothenburg
42 Prüfer
43 Registertonne (Abkz.)
44 Stoff für Reaktionsauslösung
45 Konsonant
46 Amtsstelle von Joh. Seb. Bach

Rätselhafte Verwandtschaften

386 Darf in Schweden der Mann die Schwester seiner Witwe heiraten?

387 Können zwei Mütter und deren zwei Töchter mit sechs Stricknadeln stricken?

388 Wenn zwei Väter und zwei Söhne 33 Glas Bier trinken, wieviel hat jeder getrunken?

389 Wann wird meine Mutter die Schwiegermutter deiner Schwester?

390 Darf sich ein Amerikaner mit der Schwiegermutter seiner Schwägerin verheiraten?

391 Ein Ehepaar hat mehrere Kinder. Jedes Mädchen hat ebensoviele Schwestern wie Brüder, und jeder Junge hat halb so viele Brüder wie Schwestern. Wie viele Kinder sind es?

392 Ein Vater hat drei Söhne, jeder Sohn hat eine Schwester. Die Kinder erben nun 100 000 Mark. Wieviel bekommt jedes Kind bei gleichmäßiger Verteilung?

393 Wer ist die gesuchte Person, deren Mutter die Schwiegermutter meiner Mutter ist?

394 A sagt, er sei der Sohn von B, doch B sei nicht sein Vater. Stimmt das?

395 Wie ist der Herr mit einer Dame verwandt, dessen Mutter das einzige Kind ihrer Mutter ist?

396 Der Vater dieses Mannes ist der Sohn meines Vaters, obgleich ich keine Geschwister habe. Wer ist der Mann?

397 Ein Scherz aus dem 10. Jahrhundert: Es ritt ein Mann mit einer Frau; seine Mutter war die Schwiegermutter meiner Mutter. Wer ist der Mann?

357* Ausfüllrätsel: Diagonale

Zu raten sind in jeder Zeile zwei Wörter mit zusammen zehn Buchstaben, die zusammenhängend gelesen einen Begriff ergeben, nach dem nicht gefragt wird. In der Diagonale von links oben nach rechts unten ergibt sich bei richtiger Lösung aus den letzten Buchstaben der ersten Wörter die Bezeichnung eines mysteriösen Flugkörpers:

1 Vokal + Teil des Bahnhofes
2 Weltverband (Abk.) + Naturerscheinung
3 nicht neu + Kabinettchef
4 Ernte + Zeichengerät
5 Nagetier + Nagetier
6 Stadt in Süditalien + keltischer Name für Irland
7 Antilleninsel + alkoholisches Getränk
8 Sturmvogel + Urzelle
9 katholischer Feiertag + Vokal
10 ätzende Flüssigkeit

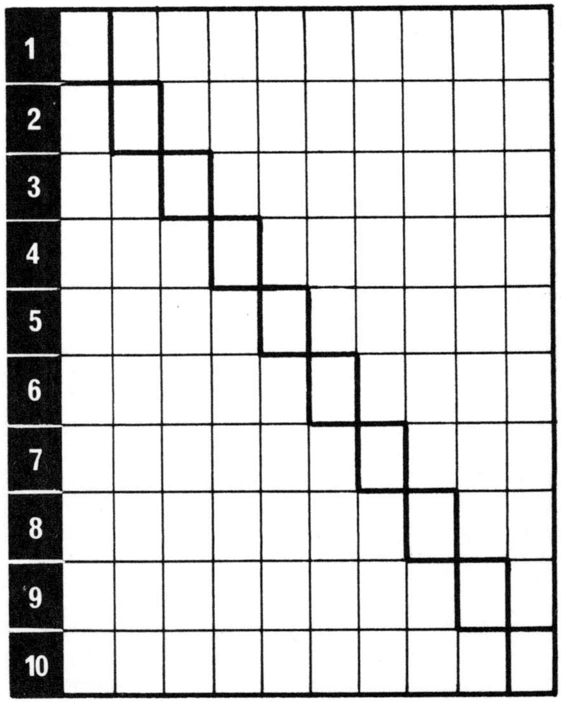

169 Rebus

312* Schüttelkaskade: Die Wunder des Jens

Man staune: Nachdem JENS seinen Vornamen in OLGA verwandelt hatte, folgte seine äußere Veränderung vom KIND zur FRAU. Das ließ weitere Wunder erwarten. Stimmt. Er verwandelte GELB in ROSA, MIST in GOLD, ERDE in LUFT, FLOH in BAER, LIMO in SEKT und EINS in ACHT. Zum Schluß gelang ihm auch die Rückverwandlung. Aus OLGA wurde schließlich wieder JENS, doch in anderer Weise als bei der ersten Verwandlung.

JENS	KIND	GELB	MIST	ERDE	FLOH	LIMO	EINS	OLGA
OLGA	FRAU	ROSA	GOLD	LUFT	BAER	SEKT	ACHT	JENS

170 Rebus

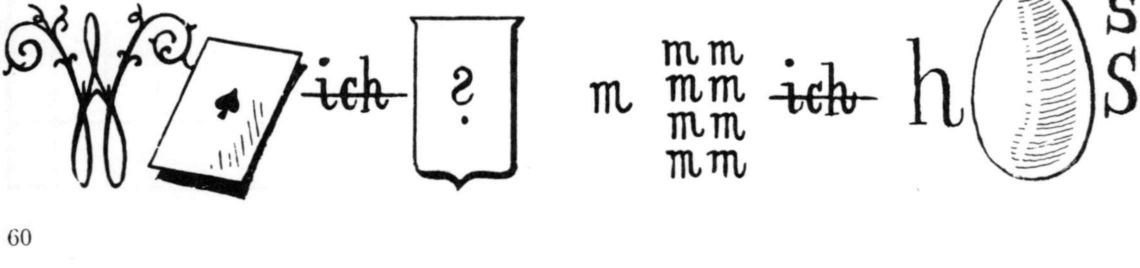

136 Scharade 1 + 1 + 1 + 1

Die letzten beiden seien dir beschieden,
die letzten drei sind großes Glück hienieden,
mit allen vier im traulichen Verein
wirst du der weiseste der Weisen sein.

119 Verschwindet es aus dem Gesicht,
dann liebt man's nicht.

48 Morgens wenig,
mittags viel,
abends oft gar nichts.

49 Kennst du mich,
so freut es dich;
kennst du mich nicht,
so suche mich nur emsiglich,
du findest mich ganz sicherlich.

145 Mit der wird es als roh empfunden,
mit die ist mancherlei verschwunden.

47 Ich bin am dunkelsten,
wenn es am hellsten ist,
am wärmsten,
wenn es am kältesten ist,
am kältesten,
wenn es am wärmsten ist.

152 Die Rätsel der Königin von Saba

mit denen sie die Weisheit König Salomos auf die Probe stellte. Die Bibel berichtet darüber im 1. Buch der Könige Kapitel 10, nennt jedoch keine Rätsel.

1
Ein Brunnen ist's von Holz, darein
man einen Eiseneimer senket,
der aus dem Born schöpft einen Stein
und ihn mit Wasser tränket.

2
Was ist es, das hervor vom Staub der Erde
gekommen und vom Erdenstaub sich nährte?
Man gießt es gleich dem Wasser aus,
und es durchblickt das ganze Haus.

3
Nun, was ist das?
Fährt ein Sturm vorbei,
so hebt es an ein bitterlich Geschrei,
und biegt das Köpfchen wie Binsengras;
den Reichen schmückt es,
den Armesünder erdrückt und erstickt es;
den Toten wird es mitgegeben,
um sie zu ehren,
auch denen, die es im Leben
mußten entbehren;
es ist der Vögel Freude,
doch den Fischen dient es zum Leide.

358* Rätselspinne

In den Senkrechten von 1 bis 12 sind von außen nach innen zwölf fünfbuchstabige Wörter von gegebener Bedeutung einzutragen. Sie haben einen gemeinsamen Endbuchstaben. Die Anfangsbuchstaben, von 1 bis 12 gelesen, ergeben einen vollen Tag.

1 schwarzes Pferd
2 Stadt in Oberitalien
3 Rest
4 Hunderasse
5 urzeitliches Gewässer
6 Gartenunkraut
7 Arzneimittel
8 Fluß in Frankreich
9 Forstgehilfe
10 Harnsäuresalze
11 Gartengerät
12 deutscher Erzähler († 1910)

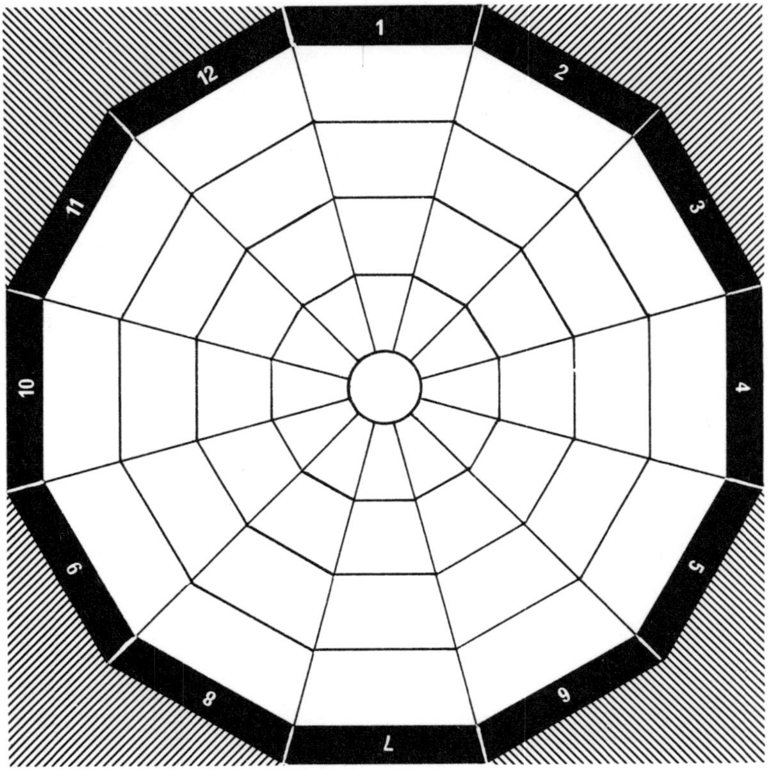

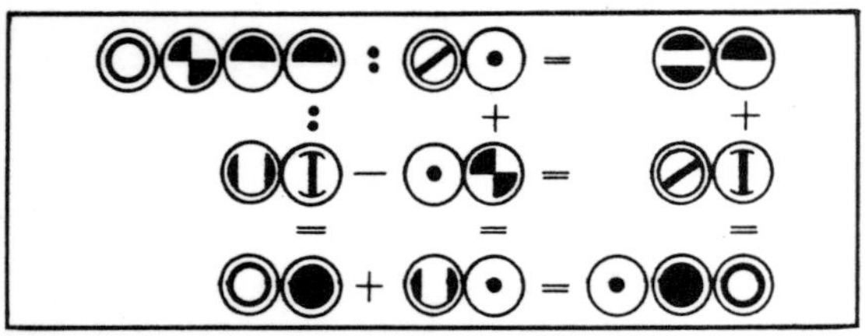

307* 308* Rechenrätsel

Jedes Zeichen entspricht einer Ziffer (von 0 bis 9), gleiche Zeichen = gleiche Ziffern. Im ganzen sind es sechs Rechnungen, waagerecht und senkrecht.

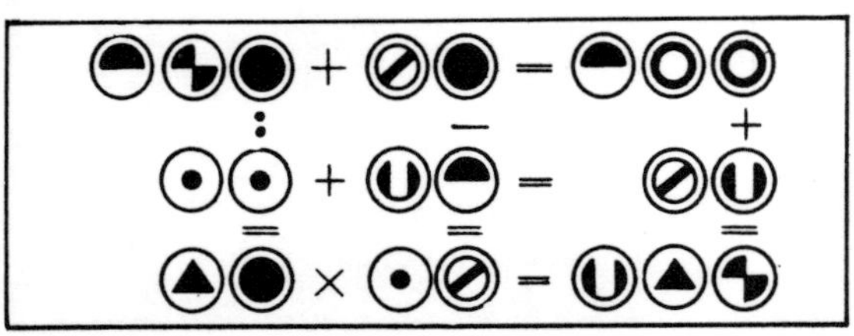

373* Kapselrätsel: Redensart

Entnimmt man jedem der 18 Wörter eine zusammenhängende Buchstabengruppe als ein selbständiges Wort, so daß sich aus den beiden „Kapselteilen" auch ein neues Wort ergibt (Beispiel: Kar-wende-l), dann bilden die Anfangsbuchstaben aller entnommenen Wörter, fortlaufend gelesen, eine allgemein gewordene Redensart aus Karl Gutzkows Trauerspiel „Uriel Acosta":

Kastanie – Glauben – Kalender – Teheran – Haustaube – Tristan – einschlagen – Autoren – Absicht – Schuricht – Osterhasen – Anodenspannung – Anatom – Indien – Pastille – Tangente – Abendlicht – Landwirtschaft – Ameisen – Neuseeland – Segeltau – anormal.

50 *Niemand und keiner*
gingen in ein leeres Haus.
Niemand ging heraus,
keiner ging heraus,
wer blieb nun noch drin?

51 Die Sonne kocht's,
die Hand bricht's,
der Fuß tritt's,
der Mund genießt's.

53 Ich hab ein Loch
und mach ein Loch
und schlüpfe auch
durch dieses noch.

54 *Ein rotes Gärtlein,*
ein weißes Geländer:
es regnet nicht hinein,
es schneit nicht hinein,
ist doch immer naß.

52 Zwei Väter und zwei Söhne
schossen drei Hasen schöne,
ein jeder hat einen ganzen
gesteckt in seinen Ranzen.

243 **Drei Wörter**

Sie ist eine Feier,
er ist ein Geier,
und noch ein er,
so wird's ein Weiher.

256* **Palindrom**

Wenn du vorwärts mich beherrschst,
darfst du fröhlich lachen,
rückwärts kann dir alles sein,
was die Gegner machen.

55 Klein wie eine Maus,
treibt eine Herde Vieh hinaus.

56 Neun alte Rehe und vier kleine,
die haben wieviel Beine?

57 Es hängt an der Wand,
hat den Hintern verbrannt.

58 Auf vieren steh ich,
hab einen Rücken,
und wer's grad mag,
der darf mich drücken.

213 Welcher Igel eins-zwei-drei
legt ein Mahagoni-Ei?

211 Es schnaubt und heult die Straß' herauf
und hat doch keine Lunge,
es leckt den Schnee wie Butter auf
und hat doch keine Zunge.

194 Verfertigt ist's vor langer Zeit,
doch mehrenteils gemacht erst heut;
sehr schätzbar ist es seinem Herrn,
und dennoch hütet's niemand gern.

59 *Wenn man mich sieht,*
so sieht man mich nicht.
Sieht man mich nicht,
so sieht man nicht.

60 Ein Tal voll und ein Land voll,
und am End ist's kein Hand voll.

201 **Was ist es?**

Ein Vorhang aus Luft und Duft gewoben,
und wie der Wind geschwind zerstoben.

381* Städtereise

In den sechs Bildern sind die Namen von sechs deutschen Städten versteckt. Zuerst die Namen aller Abbildungen in Großbuchstaben auf ein Blatt Papier schreiben. Dann die angegebenen Buchstaben sinnvoll hinzufügen (+) oder abziehen (—). Wer richtig „gerechnet" hat, erfährt schnell die sechs sehenswerten Reiseziele – gute Fahrt und viel Vergnügen!

351* Doppel-Diabolo

Diese Rätselart ist der Pyramide ähnlich, doch werden die Buchstaben nicht geschüttelt. Raten Sie von innen nach außen. Von Zeile zu Zeile kommt ein neuer Buchstabe hinzu, der Wortanfang bleibt gleich.

I
Abkürzung für Armeekorps
Teil des Dramas
Schriftstück
Wertpapier
Schauspieler
gegenwärtig

II
chemisches Zeichen für Aluminium
englisches Bier
männlicher Vorname
munter
Stadt in Syrien
Inselgruppe im Pazifik

III
Umstandswort
Klostervorstand
Priester
Kloster
Waggonteil
Abgang im Drama

IV
Abkürzung für außer Dienst
Abschiedsgruß
Blutgefäß
weiblicher Vorname
Storch in der Sage
deutscher Sprachforscher † 1806

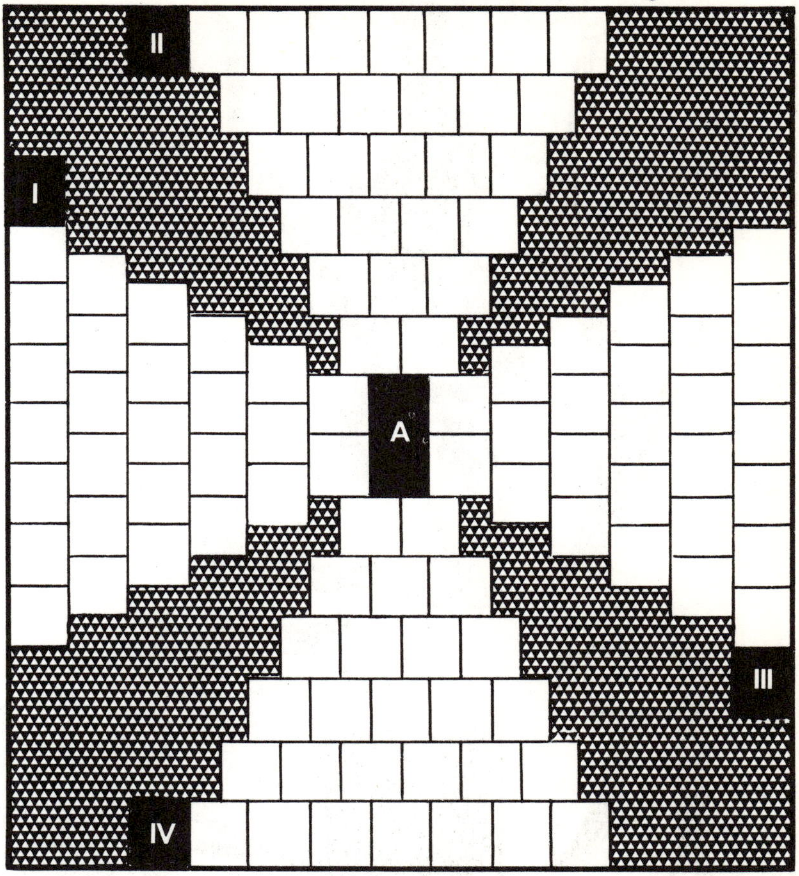

209 Scherzhafte Wortspiele von Friedrich Rückert

Es ist jeweils ein neuer Begriff mit nur einem Wort zu finden:

Löwenmaul		Freunde, tut was!	
Was ist zweimal rein?		Ei, nach Haus!	
Nackt und bloß		Klare Sänger	
Feldnarren		Adlerkühnheit	
Herbei Metall!		Gleich dem Klang	
Feuchte schicke!		Ohne Trage	

171 Rebus

Visitenkarten-Rätsel

249* Aus welcher Stadt stammt er?

ANDREAZ H. BUCK

250* Welche Schule besucht er?

SAUL ROCHER

ELBE

61 Ich hab einen Hals, ich hab einen Bauch –
keinen Kopf, kein Bein, o Graus!
Und kann ich drum selber nicht laufen auch,
so läuft es doch aus mir heraus.

62 Sagt heute, wenn ihr wißt,
was morgen gestern ist?

63 Hängt einem Nebenfluß der Weser
man einen Körperteil noch an,
so zeigt sich etwas, was der Leser
in jeder Zeitung finden kann.

64 Der eine hat's
der andre hat's gehabt,
der dritte hätt es gern.

65 Vier gingen, vier hingen,
zwei sind spitz, zwei glitzern
und einer jagt Fliegen.

67 Wer es macht, der sagt es nicht.
Wer es nimmt, der kennt es nicht.
Wer es kennt, der will es nicht.

66 Einem zu enge,
zweien zu recht,
dreien zu weit.

68 Zweibein saß auf Dreibein und aß Einbein,
da nahm Vierbein Zweibein Einbein.
Da nahm Zweibein Dreibein und schmiß Vierbein,
daß Vierbein Einbein fallen ließ.

309* Kreisarithmogriph I

In die Kreise I bis XII sind im Uhrzeigersinn zwölf Wörter folgender Bedeutung einzutragen. Für die Buchstaben stehen Ziffern; gleiche Ziffern bedeuten gleiche Buchstaben. Die Anfangsbuchstaben aller zwölf Wörter (= Ziffern 1 bis 12) nennen den Namen einer deutschen Stadt:
I Börsentief – II Gartengerät – III Frucht – IV Gepflogenheit – V Fluß im Odergebiet – VI seichtes Geschwätz – VII Pferdewagen – VIII Landschaft am Bodensee – IX Ausbeutung – X Wortschwall – XI italienische Insel – XII erster Nachname des spanischer Dichters Lorca

Zum Eintragen der Buchstaben:

1	2	3	4	5	6	7	8	9	10	11	12

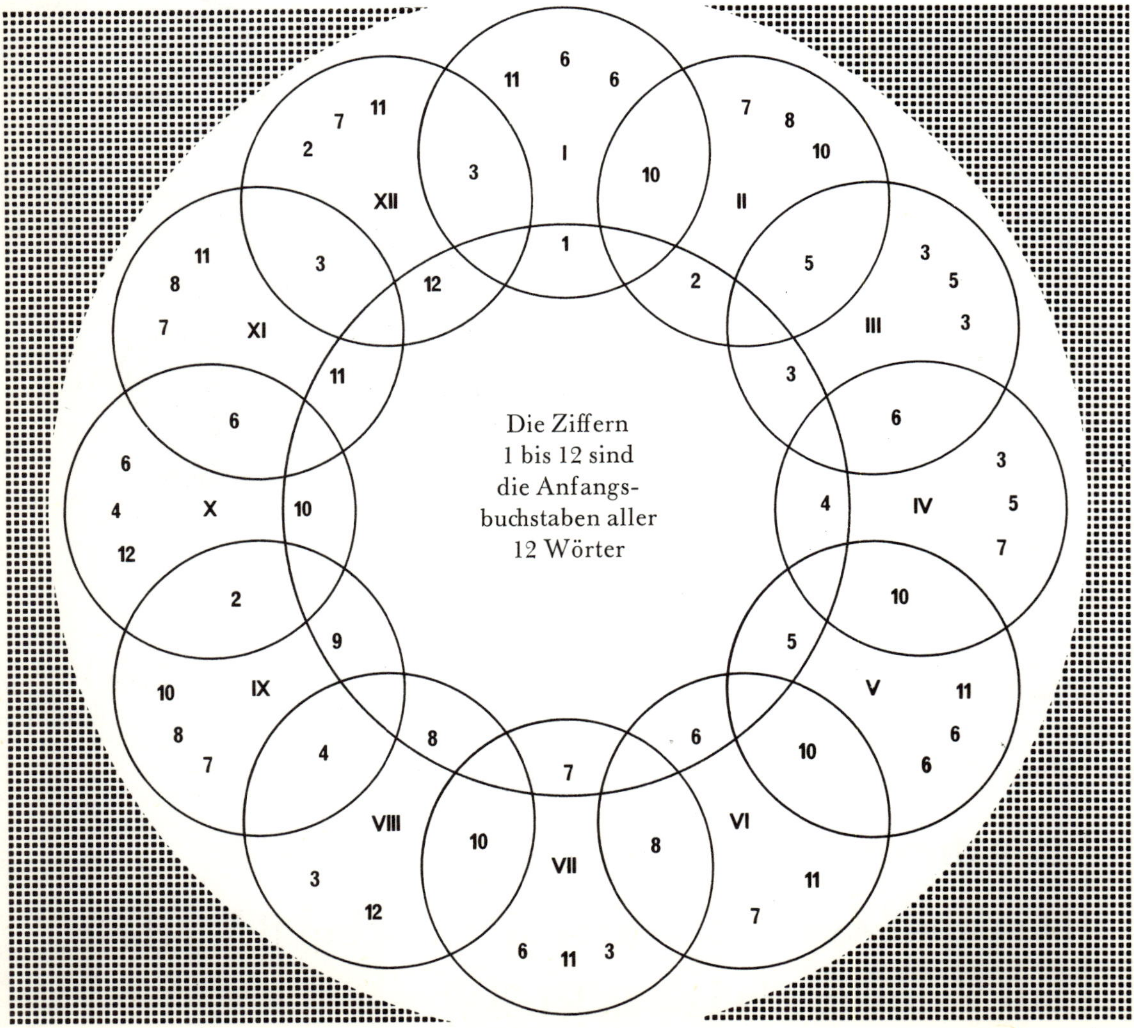

359* Ausfüllrätsel: Gebäck gesucht

1 Gutschein
2 eingebildeter Mensch
3 besonders
4 griechischer Buchstabe
5 Sorte
6 heimischer Name für Irland
7 Körperorgan
8 römischer Sonnengott
9 japanische Münze
10 Situation
11 Spaltwerkzeug
12 bestimmter Artikel

Von den Zahlenfeldern aus sind jeweils nach rechts und nach links bis zur mittleren Trennungslinie der Figur waagerecht Wörter nachfolgender Bedeutung einzutragen. Richtig gelöst, ergeben sich, von links nach rechts über die ganze Zeile gelesen, folgende Begriffe, die nicht der Reihenfolge nach aufgeführt sind: Periskop – ohne jedes Gefühl – Schlagader – Kondolenz – Süßigkeiten – Staat in Afrika. Die mittlere Senkrechte nennt das gesuchte Gebäck:

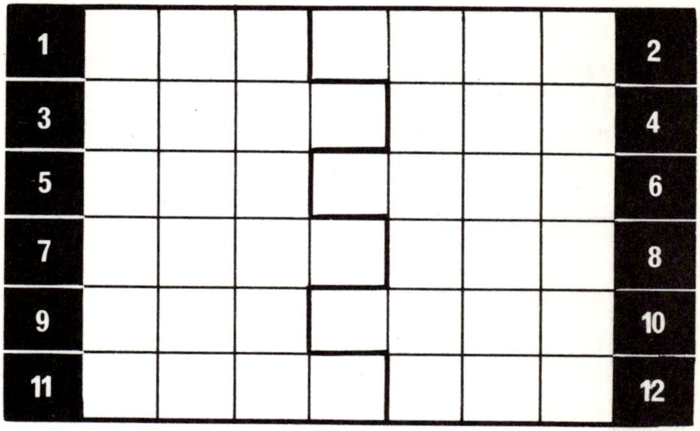

221* Homonym

Wer so setzt, der flickt;
wer so legt, verdickt;
wer so stellt, zieht mit zum Streit;
wer so hängt, an Liebchens Seit'.

279* Scharade 2 + 2

Im Ersten sinkt das Oel,
im Zweiten steigt das Blut,
im Ganzen sinkt zu steigen
dem Mimen schier der Mut.

296* Verdoppelungs-Scharadoid 1 + 1

Das Erste doppelt dringet weit hinaus;
das Zweite doppelt aus der Nähe schreckt;
das Ganze, voll von stürmischem Affekt,
begrüßt und ehrt mit freudigem Applaus.

298* Es geht, sobald du willst nicht schweigen,
und bleibet stehen, wenn wir streichen
ein einzig Zeichen.
Ist das nicht eigen?

225* Homonym

Sie schwimmt geduckt und lügt gedruckt.

281* Scharade 1 + 1 + 1

Zum Anwalt macht sich der Sophist
dem Ochsen, der im Vorteil ist.

224* Homonym

Wem hat man den Kragen umgedreht,
daß Braten und Wein auf dem Tische steht?

360* Ausfüllrätsel: Ein rundes Dutzend Leute

Aus 46 Silben sind zwölf Scherzausdrücke zu bilden, mit denen wir bestimmte Menschentypen aus unserer Umgebung in der Umgangssprache zu bezeichnen pflegen. Die Numerierung von 1 bis 12 erleichtert die Lösung in doppelter Hinsicht:

Acht – be – ben – bom – der – drei – dut – ein – elf – fäl – feln – fünf – fuch – ge – ge – ger – ger – ger – ger – gro – hoch – jun – kä – klu – mal – me – mensch – neun – pfennig – schei – schen – schreck – schrö – se – ser – sex – sie – ter – ter – ti – ti – vier – zehn – zend – zi – zwei

1 naiver Mensch
2 lebt ständig in Ungewißheit
3 Steppke
4 Ungehobelter
5 über die 49 hinaus
6 Startyp der Filmbranche
7 Besserwisser
8 leichtes Bürschchen
9 sehr viel „klüger“ als einmal
10 Geizkragen
11 vom Fußball-Torwart gefürchtet
12 begegnet einem öfter, als man glaubt

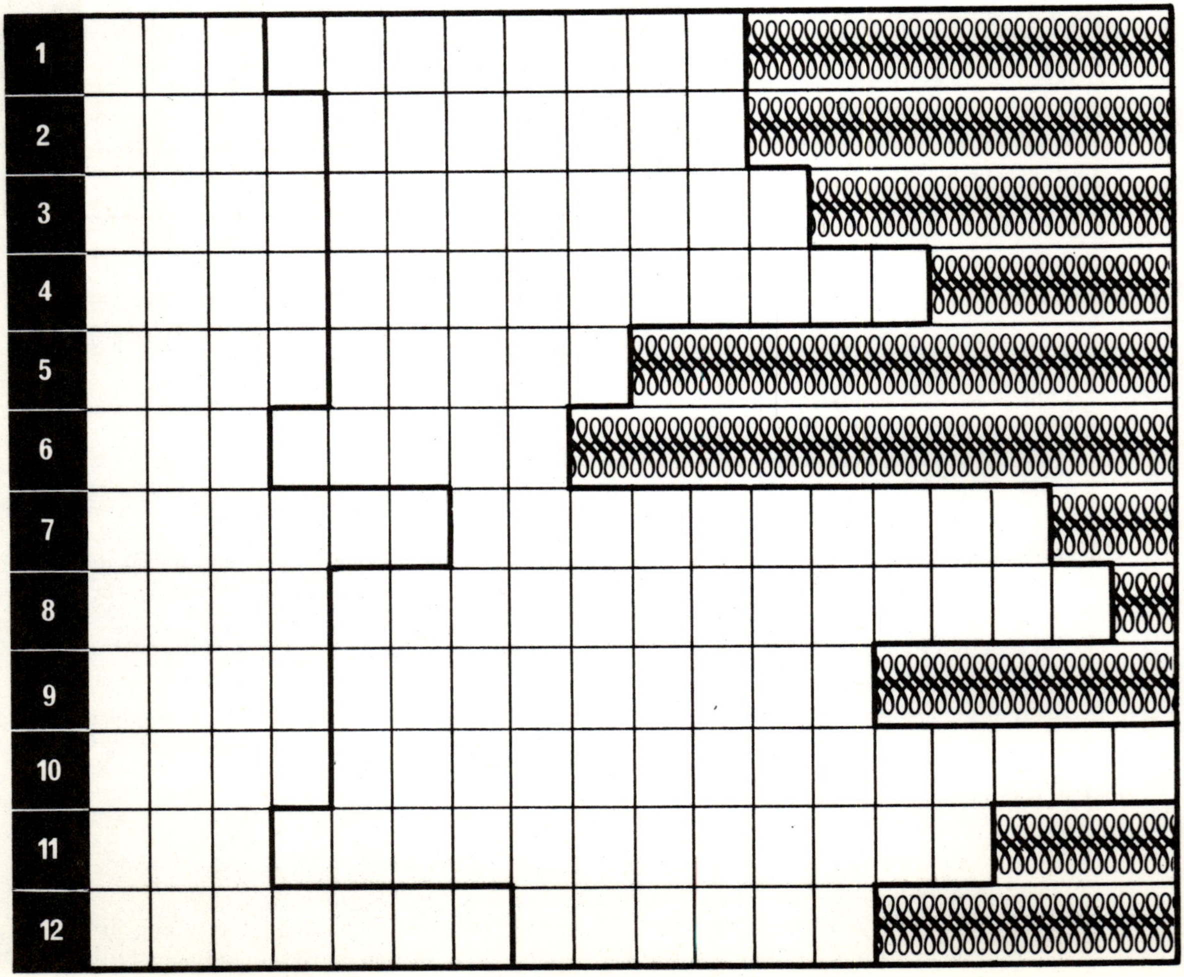

398* Rätsel mit Pfiff

Tag für Tag setzt die große englische Zeitung The Times ihren Lesern ein Crossword Puzzle vor, das es in sich hat. Dieser jahrzehntealte Brauch würdigt Tradition und Rätsellust der Engländer, die sich Kreuzworträtseln dieser typisch englischen Art mit Feuereifer widmen. Zu lösen sind sie nicht in der uns geläufigen Weise, man muß vielmehr um ein paar Ecken herum denken. Selbst Engländer tun sich da hart. Dank ihrer Ausdauer und ihrem Sinn für Wortspielerei bleibt ihnen der tägliche Spaß ewig jung. Rätselfreunde, die sich an das Puzzle machen wollen, finden es im Lösungsteil ausführlich erklärt.

Waagerecht:
1 Conveyance by river line provides many ups and downs *Gefährt an Flußlinie sorgt für viel Auf und Ab* 6 King-saint of the French interior *Heiliger König des französischen Inneren* 10 Dismissed in general service excursions *Hinausgestellt in Ausflügen des allgemeinen Dienstes* 11 Sounds like a college crying into its beer *Klingt wie ein College, das in sein Bier hineinweint* 12 Post-trial trial *Probezeit nach der gerichtlichen Untersuchung* 13 In Greek this is out *Auf Griechisch ist dies heraus* 14 Poet made sound supplication in the street *Dichter flehte hörbar auf der Straße* 15 Flower felt by the unspoilt child of a Phrygian king? *Blume, die das unverwöhnte Kind eines phrygischen Königs zu spüren bekam?* 17 And so three triangular points appear in proof *Daher erscheinen drei Punkte im Dreieck zum Beweis* 20 Capital association of RAF and Gunner types *Vereinigung in Hauptstadt von Luftwaffen- und Kanoniertypen* 21 One contended with a climber hanging on *Jemand wetteiferte, behangen mit einer Kletterpflanze* 23 Homely music of a Gregorian chant *Häuslicher Klang eines Gregorianischen Chorals* 25 Strangely uneven quality? *Seltsam ungerade Eigenschaft?* 26 Complaint in metal, maybe *Beschwerden, vielleicht in Metall* 27 It may be hailed as the original fiscal measure *Man könnte es als erste Steuermaßnahme preisen* 28 Trade dives in ruins, because one hasn't this? *Handel versinkt in Ruin, weil man dies nicht getan hat?*

Senkrecht:
1 Proceed in a body, right round in top *In einer Gruppe marschieren, rechts herum mit Höchstgeschwindigkeit* 2 Jack in a role follows a way to scale the starry heights *Hans in einer Rolle folgt einem Weg, um die Gestirne zu messen* 3 Sharp reminders that a member's been asleep *Schmerzliche Mahnung, daß ein Mitglied eingeschlafen ist* 4 With a nautical inclination to sling it *Seemännische Neigung, es zu werfen* 5 No bird over fifty is so called *Kein Vogel über fünfzig wird so genannt* 7 It's bad in the French city *Schlecht ist es in der französischen Stadt* 8 A noted poem of the North country *Ein berühmtes Gedicht von einem nördlichen Land* 9 Piglet, he accepts a challenge and has to take punishment *Schweinchen nimmt Herausforderung an und Strafe auf sich* 14 „A winning wave ... In the tempestuous – – –" (Herrick) *„Ein siegreiches Wogen ... In den stürmischen – – –" (Herrick)* 16 They're ready for a summer *Sie sind bereit für einen Sommer* 18 Was against work, having struck an attitude *War gegen Arbeit, hat eine steife Haltung eingenommen* 19 Issue of an aquatic mammal tail to head *Hervorgehend aus einem Wassersäugetier mit Schwanz am Kopf* 22 Exponent of banned books *Exponent verbannter Bücher* 24 Kept behind bars at Oxbridge *In Oxbridge hinter Gittern gehalten.*

382* Lustige Verwandlungen

Wer für die Verwandlungskunststücke eine Hilfe braucht, schreibe die Tiernamen und Gegenstände, um die es hier geht, auf ein Blatt Papier. Das genügt. Schnell lösen sich die Wortspiele auf.

Ein lichter Morgen versprach einen lustigen Tag. Blauer Himmel, Sonnenschein – alles grünte und blühte. War's da ein Wunder, wenn es dem

im Stall zu langweilig wurde! Es ging spazieren. Da kam der

der immer Appetit auf Schweinefleisch hatte. Flugs verwandelte es das Tier, einfach durch Umstellen von dessen vier Buchstaben, in ein anderes Tier.

Das neue war schwarz, harmlos und flog von dannen. Mit einem verspürte das Schwein Hunger. Da es gerade an einem Buchstabenladen vorüberkam, ging es hinein. Heute waren die

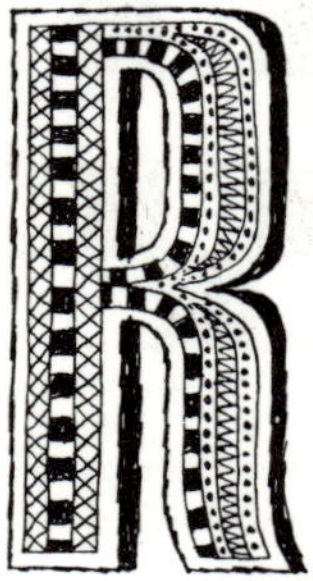

sehr billig. Es kaufte eines und verschlang es sofort. Beim Hinausgehen blickte es in den Spiegel. Doch da sah ihm kein Schwein entgegen, sondern eine Stadt. Na, so was! dachte es, das ändern wir schnell. Da kam die

„Wie das paßt", sagte es, „Du wolltest schon immer eine Altersversorgung. Ich schenke Dir meinen überflüssigen Buchstaben – hier, dann hast Du sie." Sprach's und stellte der Ente den Buchstaben voran. „Vielen Dank!" sagte sie. Nun war das Schwein wieder ein Schwein und walzte zur

„Sieh' an, in der steckt ja ein Vogel drin", sagte es und ging hinein auf ein Schwätzchen. „Ach", klagte der Vogel, der in der Muehle steckt, „heute will der

wiederkommen, um mich zu ärgern." „Warte, ich helfe Dir." Geschickt lockte das Schwein den schwarzen Vogel wieder herbei und brachte ihn zur Mühle. „Diesen da stelle dem Tiger vor seinen Namen. Doch zuvor mußt Du ihn zurückverwandeln in seine erste Gestalt. Beide zusammengenommen sind völlig harmlos." Draußen erscholl Gebell, und das Schwein sah den

Sofort hatte es einen Einfall. „Hier, nimm den als Dritten noch hinzu und setze ihn den beiden voran als Kopf. Das Ganze, jetzt dreiteilig, ist ganz ungefährlich, es kitzelt nur ein bißchen." Wie der Vogel sich bedankte und Gegendienste versprach, sprang die

vom Heuboden herab und begrüßte die Gesellschaft mit „Miau!“–„Wenn Du mir Deinen Gruß schenkst, aber das i behältst“, sagte das Schwein, „stecke ich ihn, etwas geschüttelt, in meinem Namen hinein – köstlich! Schon immer wollte ich so Spritziges trinken.“ – „Aber gern“, meinte die Katze. Das i schenke ich einfach dem

Er soll es sich einverleiben und kann sich mit Tanzen einen guten Tag machen.“ So waren alle zufrieden, und das Schwein trollte sich heim, noch ein wenig torkelig vom ungewohnten Trunk. Es ging schon auf Mittag.

172 Rebus

69 Weiß, schwarz, grün, blau und rot
bin ich und meine Brüder,
den Sommer bin ich tot,
im Winter leb ich wieder.

Ich fresse Tag und Nacht,
doch trink ich nicht ein Tröppchen.
Man füttert mich mit Macht,
doch freß ich auch die Häppchen.

383* Der Zahn der Zeit
Die linke Darstellung zeigt eine Zeichnung aus Wilhelm Buschs Bildergeschichte „Zwei Diebe", wie er sie 1862 angefertigt hatte. Seitdem nagte der Zahn der Zeit an ihr und veränderte sie an 15 Stellen. Wer hat scharfe Augen und findet sie?

71 Es ist ein Garten, und ist doch kein Garten;
es ist ein Haus, und ist doch kein Haus;
es ist ein Tisch, und ist doch kein Tisch.

70 Es ist ein hoher Baum,
mitten im Baum ist ein Nest,
mitten im Nest ist ein Ei,
tut jede Stund' einen Schrei.

72 Er mit einem weiten Mund
und mit einem engen Schlund;
sie mit einem engen Kragen
und mit einem weiten Magen.
Tut er schlucken,
tut sie glucken,
wer kann mir die beiden sagen?

73 *Der arme Tropf*
hat keinen Kopf,
das arme Weib
hat keinen Leib,
die arme Kleine
hat keine Beine.
Sie ist ein langer Darm,
doch schlingt sie einen Arm
bedächtig in den andern ein:
was mag das für ein Weibchen sein?

74 Es steht auf einem Bein, ist kugelrund
und trägt das Herz im Kopf.

75 Nur Tropfen darf ich trinken,
und man sieht es mir sofort an.

76 Wenn der Wind von außen stille ist, schreiet es, daß man es auf der Straße hören kann. Wenn der Wind von innen stille ist, kann es keinen Laut von sich geben.

77 Ein Müller war in seiner Mühle, die vier Ecken hatte. In jeder Ecke standen vier Säcke, auf jedem Sack saßen vier Katzen, jede Katze hatte vier Junge bei sich. Die Frage ist, wieviel Füße in der Mühle waren.

384* Vexierrätsel

Warum weint denn der Kleine so bitterlich? Ach bloß, weil seine drei Freunde sich versteckt haben und er sie nicht finden kann. Wo stecken sie denn?

361* Rätselschnecke

In die Figur sind – links oben beginnend – spiralenförmig Wörter der genannten Bedeutung einzutragen. Jedes Wort beginnt im Zahlenfeld. Bei richtiger Lösung nennen die vier markierten waagerechten Zeilen, fortlaufend gelesen, ein japanisches Sprichwort:

1 krankhafter Zündeltrieb
2 sagenhafter Zwergenkönig
3 harte Edelholzart
4 Oper von Lehár
5 Kopfbedeckung
6 Rücktritt
7 Stadtteil von Hamburg
8 Nervenleiden
9 Futtermittel
10 Virtuose
11 arabische Getreideart
12 fleckiger Baumwollballen
13 Unterholz
14 männlicher Vorname
15 Akkordlohn im Bergbau

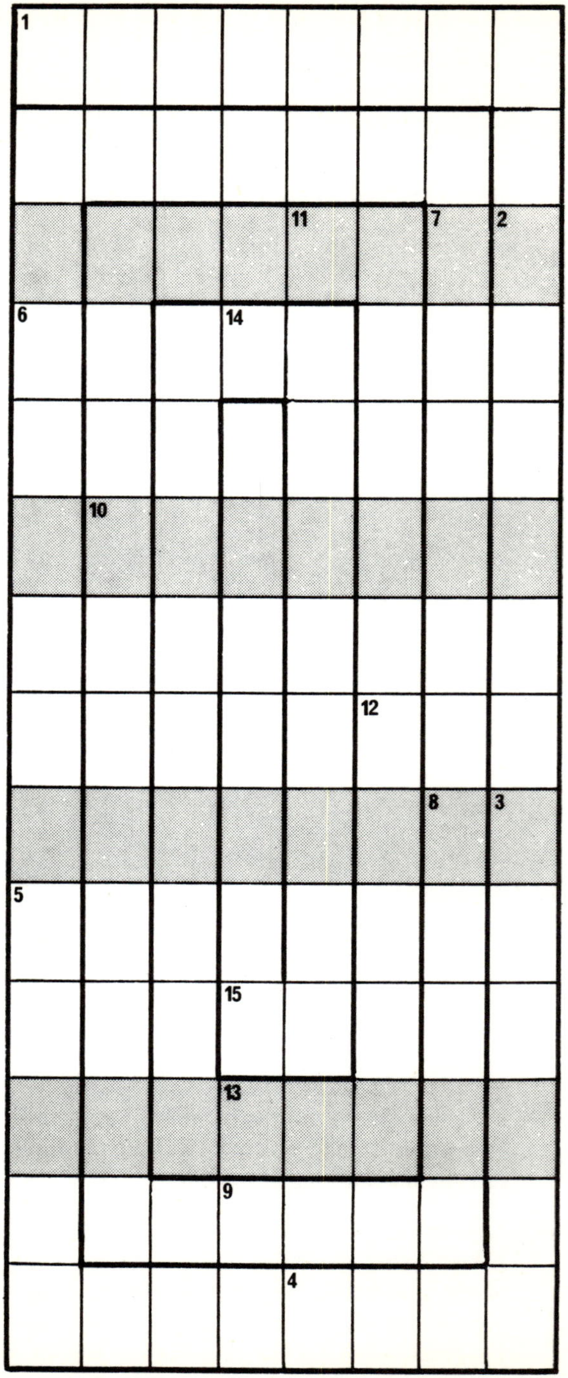

246 Rätselanekdote

Der hübsche wie auch vermögende Referendarius Justi hielt um die Hand seiner Angebetenen Elisabeth an. Doch der Vater wollte mit seiner Tochter höher hinaus. Justi zog von dannen. Nach Jahren, nachdem kein neuer Freier aufgetaucht war, erhielt der junge Mann ein Briefchen, in dem der Vater sich plötzlich erbötig zeigte. Justi hatte seine Antwort prompt parat, sie bestand aus zwei Wörtern: . . . .
Er hatte einfach die Buchstaben des Namens Elisabeth zu einem Anagramm (Buchstabenversetz-Rätsel) verstellt. Was antwortete er wohl?

193* Widerspruch

Wenn etwas ist, so ist es;
wenn nicht, so ist es nicht.
Doch, wißt es,
klärt auf wie das geschicht!
Es fiel mir etwas ein,
obwohl dies nicht ist, ist es,
und ward, um nicht zu sein.

233* Homonym

Ein Mädchen will es tun,
und tut's, und weil sie's tut,
tut sie es nicht. – Je nun!
Ein Wort macht alles gut.

261* Verdoppelungs-Scharade 1 + 1

Erstes doppelt auf und nieder;
Zweites doppelt links und rechts;
Ganzes sehen wir die tolle Jugend
beiderlei Geschlechts.

259* Palindrom
von und nach der Mitte

Hoch in Brasilien
und in Kastilien,
tief in Austrasien
und in Westasien.
Aus und ein berechnet sie
die Geometrie.

283 Es kann die Erste nur als Braten
der Zweiten (lebend nicht) entraten.
Dem Ganzen folgen die Soldaten.

263* Scharade 1 + 1 + 1

Das Erste berührt die Grenze;
das Zweite ist die Grenze;
das Dritte ist die Grenze;
das Ganze führt zur Grenze.

262* Scharade 1 + 1

Was die Erste ist, ist nicht verloren;
was die Zweite ist, das ist verloren.
Droht Gefahr und schützt ein Ort,
Eile! flieh das ganze Wort.

286 Zwei auf eins in frohem Schwunge
drehen viele federleicht,
und die echte deutsche Zunge
liebt's vereint, so weit sie reicht!

220* Homonym

Es bleibt es am Grabe der Weise;
es ist am Ringe der Stein;
es wird es, fehlt's am Fleiße,
am Ohr das Schülerlein.

189* Es tut's der Mond, die Sonne,
das Herz, das Eis, der Teig,
die Tür, die Naht, die Blume,
die Saat, die Knosp' am Zweig.

235* Homoionym

Getrennt der Mann zwar mächtig überwiegt,
allein vereint besitzt's das Weib und siegt.

325* Jux-Silbenrätsel

Aus den 30 Silben sollen mit Hilfe der genannten, doch recht scherzverzerrten Definitionen neun Wörter landläufiger Bedeutung gebildet werden. Hilfestellung geben die Anfangsbuchstaben. Von oben nach unten gelesen, nennen sie die Bezeichnung eines Spielblattes, das nur zum Heulen taugt:

ak – ar – cape – der – di – di – eis – er – es – fall – fin – in – kahl – len – nerz – o – on – ra – rest – schlag – se – sit – sta – tät – ter – ti – tich – ton – vi – wel

1 Papagei mit ondoliertem Gefieder
2 Sportplatz für kalte Süßspeise
3 Schornstein eines Mailänder Fußballclubs
4 ärmelloser Umhang für ein Pelztier
5 Hieb, der völlig enthaart
6 Überbleibsel eines Flächenmaßes
7 Tätigkeitsdrang eines Rundfunkgerätes
8 Sturz einer Töpfermasse
9 jemand, der ein persönliches Fürwort entdeckt

1

2

3

4

5

6

7

8

9

349* Doppelpyramide

Von Zeile zu Zeile einen neuen Buchstaben hinzufügen. Bis zur Mitte. Dann je Zeile einen Buchstaben herauslassen. Das Ganze geschüttelt, ergibt den neuen Begriff.

1 Vokal
2 Flächenmaß
3 Körperteil
4 Trödel
5 Gütezeichen
6 Fotogerät
7 Erdteil
8 weibl. Vorname
9 Vorname Aga Khans
10 Geldwert
11 Mulde von Gebirgen
12 chemisches Zeichen für Krypton
13 Konsonant

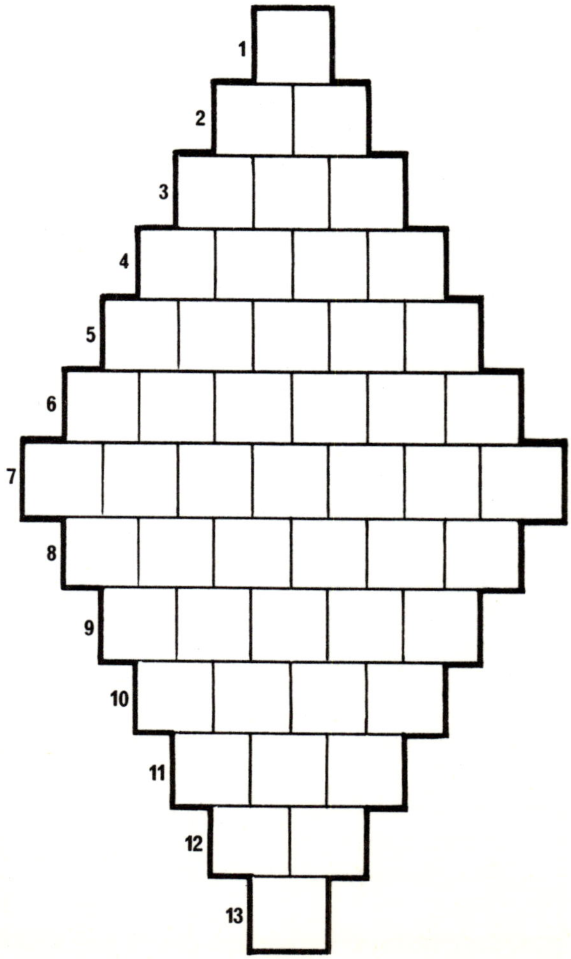

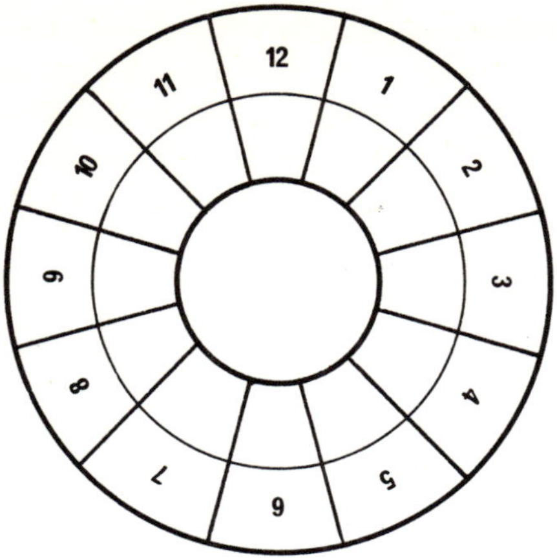

336* Rätseluhr: Schreitvogel

Werden statt der Ziffern Buchstaben gesetzt, so ergeben sie bei richtiger Lösung und in der Reihenfolge von 1 bis 12 gelesen den Namen eines Schreitvogels:

1–5 Gewebe, 2–4 Schwur, 3–16 15. März im altrömischen Kalender, 7–11 Linie, 8–9 Urzelle, 7–12 Vogelfamilie, 11–12 Fürwort.

S. B. SCHOEN

SIEGEN

251* Welches Hobby pflegt die Dame?

Visitenkarten-Rätsel

252* Welchen Beruf hat ihr Bräutigam?

MARTIN STALADT

DIEZ

362* Ausfüllrätsel: Drei in einem

Die unter a gesuchten Wörter mit je vier Buchstaben bilden die Mitte der unter b gesuchten Wörter mit je sechs Buchstaben. Richtig gelöst, nennen die Anfangsbuchstaben – von oben nach unten gelesen – und die Endbuchstaben – von unten nach oben gelesen – das berühmte Werk und seinen berühmten Maler.

1 a Innzufluß
  b Kap am Golf von Neapel
2 a Begeisterung
  b Ostseeinsel
3 a Winkel
  b französischer Minister († 1804)
4 a spanischer Maler
  b Stadt in der Türkei
5 a Zahlwort
  b Gewebe
6 a weiblicher Vorname
  b Negerstamm am Niger
7 a Inselbewohner
  b Warngerät
8 a weiblicher Vorname (englisch)
  b künstlicher Saphir

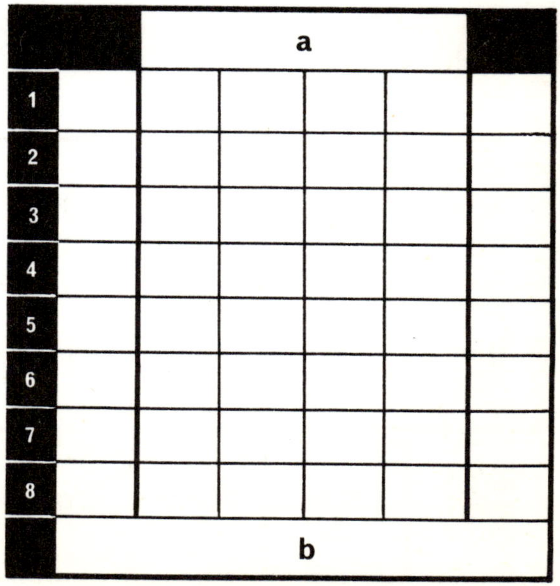

188* Rösselsprung II

Dieser Rösselsprung ergibt einen Zauberspruch aus „Faust“ I. Teil von Johann Wolfgang von Goethe. Er beginnt links oben im 1. Feld. Zu lösen ist in der Weise, wie das Rössel oder der Springer auf dem Schachbrett gezogen wird. (Siehe auch Seite 112.)

	DAS	bald	wie	Welt;	und	ständig;	
bricht	Glas,	Ist	ist	sie	rollt	sie	fällt
hohl	Hier	klingt	wie	steigt	die	lie-	be-
sie	das!	in-			dich	und	Sohn,
wendig.	noch	glänzt			ber	mußt	Mein
ich	sehr,	von	gibt	da-	bendig!	halt	ben!
hier	es	mehr,	le-	ist	ster-	ben!	Du
	bin	und	Ton,	Scher-	von	Sie	

173 Rebus

110

Mich trägt das Gebirge,
mich tragen die Hähne,
und fehlt mir der Mund,
so hab ich doch Zähne.

174 Rebus

78

Vers bin ich zur Hälfte,
zur Hälfte nur Tand.
Errätst du mein Ganzes,
so hast du Verstand.

175 Rebus

374* Einschiebrätsel: Neues Wort

Wo sich in den folgenden Wörtern ein Punkt befindet, ist ein Buchstabe neu einzuschieben, so daß ein neues, sinnvolles Hauptwort entsteht. Die eingeschobenen Buchstaben, fortlaufend gelesen, ergeben ein französisches Sprichwort.

EI.ER – G.IER – HEU.ER – LE.ER – MA.SCHE – BRU.T – LEI.ER – STI.L – – M.ETER – K.AUF – TI.ER – STA.B – ME.ER – L.ID – ST.UMPF – SCHAU.ER – – RE.BE – G.LOCKE – STREU.ER – SA.GE – B.ETT – T.UBE – RU.IN – SAL.M – SCHWE.IN – SI.GEL – RE.HE – K.ICKER – MA.CHE – NA.HT – SO.LE – SCH.IFF – KLE.E – GRA.M – SCH.ERZ – L.ISTE – A.CHE – R.EIN – L.ITER – FAEH.E – KA.TE.

176 Rebus

79

So man mehr dazu tut,
so es kleiner wird;
so man mehr davon tut,
so es größer wird.

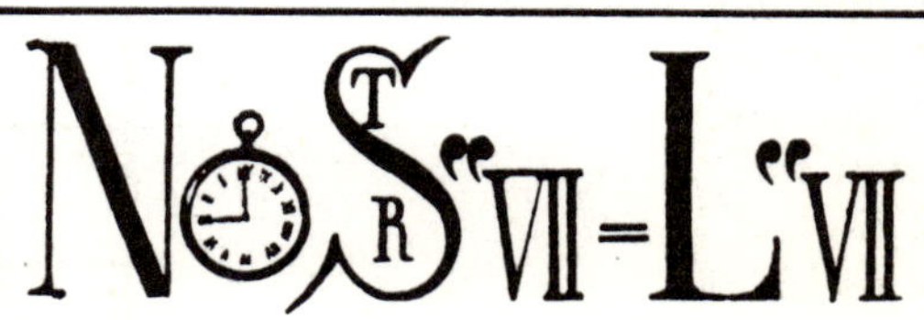

177 Rebus

363* Labyrinth

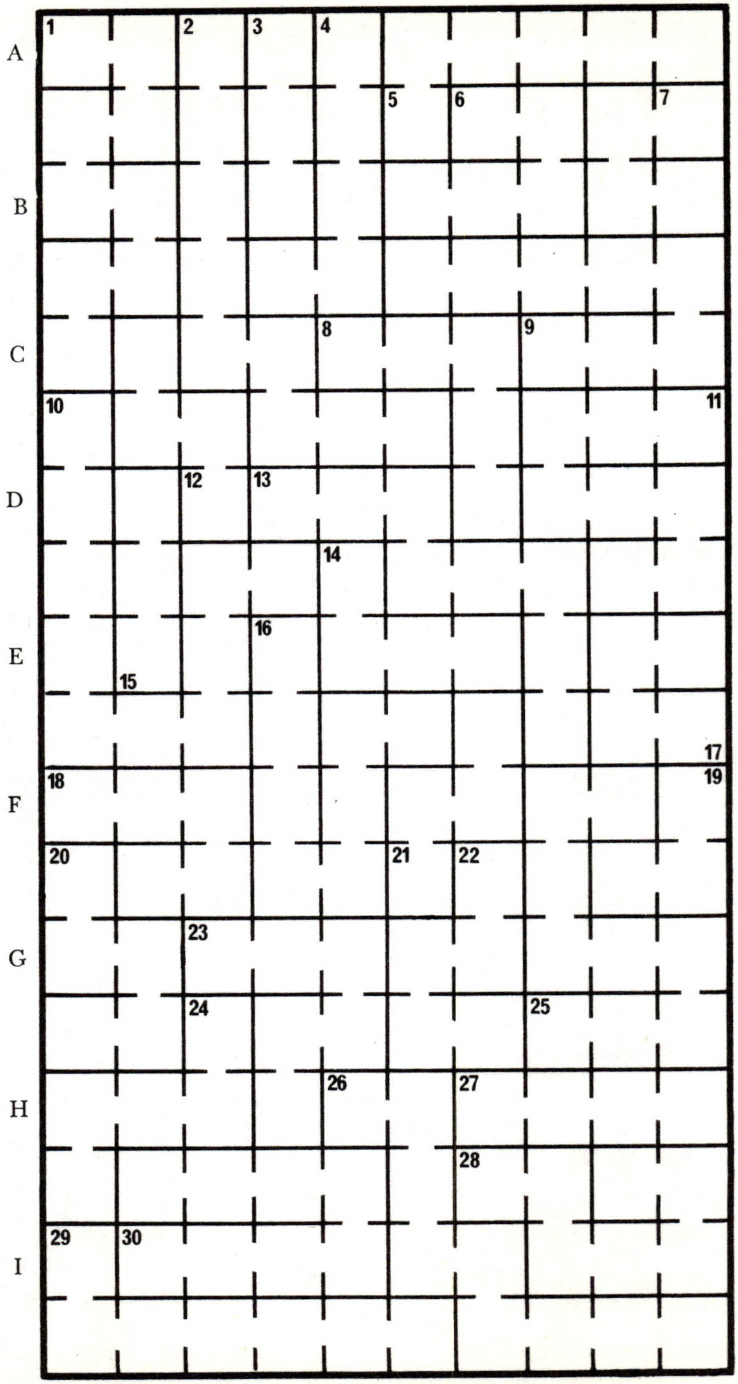

Die 30 gesuchten Lösungswörter nachfolgender Bedeutung beginnen jeweils in den Ziffernkästchen und laufen von dort aus durch die offenen Türen bis zur Sperre, manchmal auch gegen die gewohnte Schreibweise. Bei richtiger Lösung ergeben die Reihen von A bis I – jeweils von links nach rechts gelesen – ein serbisches Sprichwort:

1 nationale Streitmacht
2 Fahrzeug
3 Abkürzung für Bundestagsabgeordnete
4 Wunschbild
5 Banknote
6 sportlicher Endkampf
7 Rennwette
8 Rennboot
9 Nickelkupferzinn-Legierung
10 deutscher Springreiter
11 Nibelungenheld
12 indisches Frauengewand
13 Voralpensee
14 Kücheninventar
15 Farbe
16 Arbeitgeber
17 wirbelloses Tier
18 Blutwasser
19 Haustier
20 Tageszeit
21 Abkürzung für Europäische Freihandelszone
22 Spion
23 amerikanischer Präsident
24 Fehllos
25 Sportwagen
26 sittsam
27 original
28 Rundblick
29 Anzeige
30 Stamm der Indogermanen

272 Die beiden Ersten finden ihre Ruhestätte
im Paar der andern, und das Ganze macht ihr Bette.

223* Mutter und Kinder

Wir sind zwar unsichtbare Kinder
aus einer hölzernen Mutter Bauch,
doch heißen wir darum nicht minder
wie unsre liebe Mutter auch.

265* Geschwächte und verstärkte Kraft

Leerst du die ersten Beiden,
tu's nicht in einem Zweiten!
Verbinde die Zwei und das Eine:
es hebt dir die riesigsten Steine.

186* Akrostichon

356* Ausfüllrätsel im Dreieck II

Die gesuchten Wörter beginnen in den Zahlenfeldern. Links nehmen sie um einen Buchstaben zu, rechts um einen ab; von der Mitte an ist's umgekehrt:

1 KfzZ. Nürnberg
2 Verschwörung
3 japanisches Melodram
4 Eingebung
5 Bedrängnis
6 Aufruhr
7 Tonzeichen
8 aufsehenerregendes Ereignis
9 Vermerk
10 Einbildung
11 berühmter Dichter des Mittelalters
12 Sportarena
13 hervorragende Persönlichkeit
14 völkische Einheit
15 Denkzettel
16 Ort am Genfer See
17 Kathedrale von Paris
18 Stadt Jerusalem
19 Stadt in England
20 Sohn des Apoll
21 Geldverkehr
22 französisch: man
23 Anzeige
24 KfzZ. von Norwegen
25 ausgestorbenes Reptil
26 Endung vieler weiblicher Hauptwörter
27 eiserne Geldreserve
28 kleinstes, elektrisch geladenes Teilchen
29 berüchtigt, allbekannt
30 Freund Platons
31 Patronin der Mägde
32 Stadt der griechischen Sage
33 Rechtfertigung
34 Zuteilung
35 Anruf in Gefahr
36 Botschaft, Auftrag
37 Rechtswahrer
38 Modeschöpfung
39 Rechnung
40 Geldentwertung
41 Zwang, Elend
42 Sündenvergebung
43 Himmelsrichtung
44 Schmerzausstrahlung
45 Konsonant
46 Taktlosigkeit

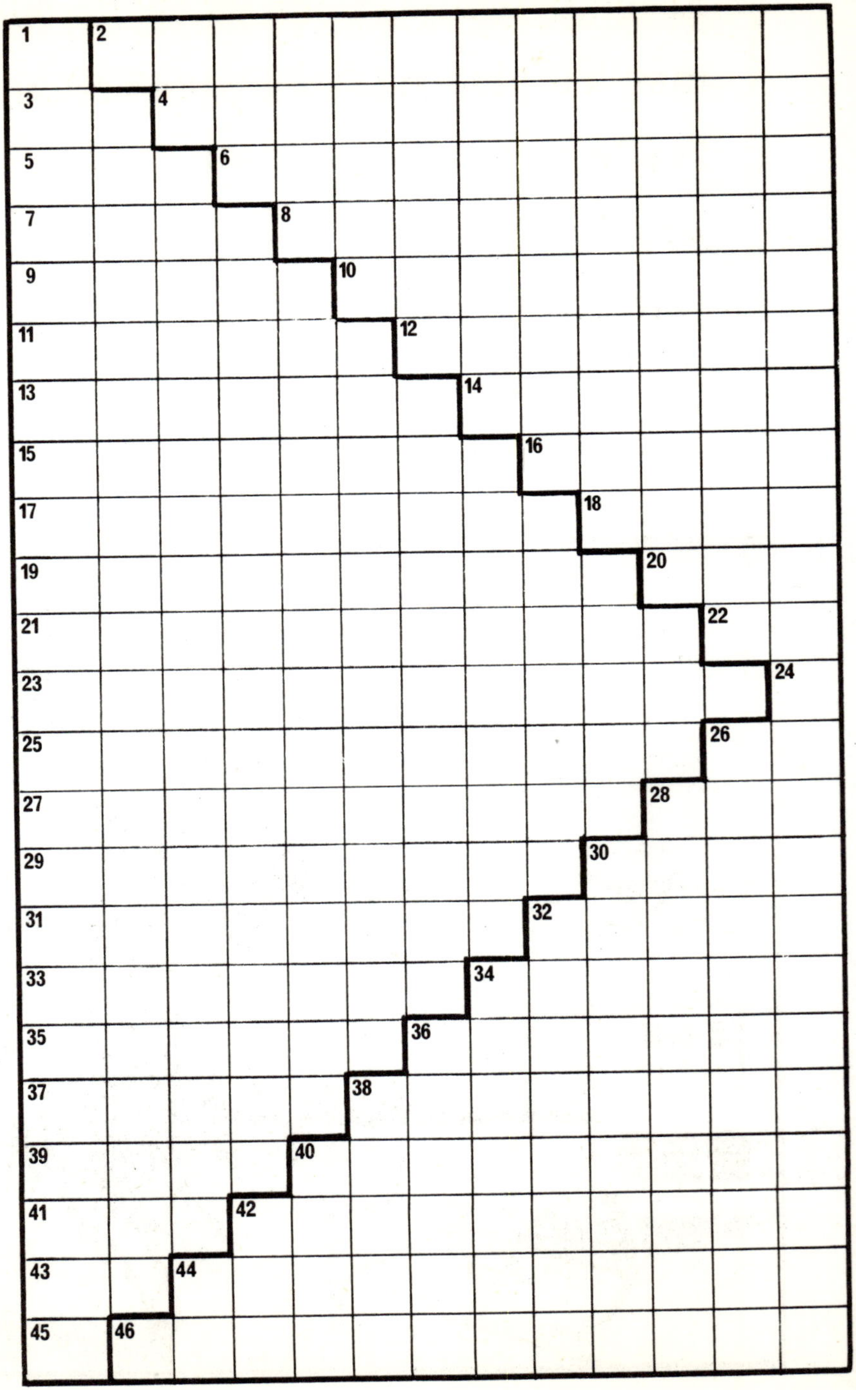

80 Es eilt und läuft, niemand sieht's laufen,
man kann's nicht halten, man kann's nicht kaufen,
macht weder Schritt' noch Sprünge,
lehrt viel verborgene Dinge.

81 Wenn man es tut, ist es getan.
Tut man es nicht, geschieht es doch.

131 Ein Mann, der grad genügend reich,
kehrt man ihn um, bleibt er sich gleich.

82 Man ißt es nicht,
man trinkt es nicht
und schmeckt doch allen gut.

83 Ich bin ein Nichts
und doch geschätzt, geehrt:
denn zugesellt,
vermehre ich den Wert.

84 Was eines Dichters Meisterstück,
der Dumme macht's im Augenblick.

85 Im Drehen muß ich gehen,
und niemand kann es sehen.
Sie müssen alle mit mir fort
und bleiben doch an ihrem Ort.

86 Geht immer um den Baum herum
und kann doch nicht hinein.

87 Will man vieles von mir haben,
muß man mich zuvor begraben.

88 Ein Haus voller Essen
und die Türe vergessen.

89 Es ist weg und bleibt weg,
ist Tag und Nacht weg,
und jedermann sieht es doch.

132 Von mir könnt ihr sehr guten Käse essen;
lest ihr mich andersrum, werd ich ihn selber fressen.

331* Schweizer Kreuzworträtsel II

Für passionierte Bastelfreunde: Die angegebenen Wörter waagerecht und senkrecht so eintragen, daß am Schluß das Rätsel komplett ist.

AA – ade – Adjunkt – Aehre – aha – als – Amrum – aper – Apolda – Ar – Artois – As – Ase – Asuncion – Basar – Bau – Biscaya – Boa – dem – Doyle – du – Duell – Ebene – Eis – Eloge – Esau – Gur – Hai – Hase – Hauer – Iler – in – iR. Irun – Kant – Kirche – KR – Laib – Laus – Lure – Marne – nah – Namur – Neuss – Norm – Nu – Oka – Opanke – oval – Padua – Pakt – Paria – Plan – reich – Reykjavik – Rur – Schonen – Sn – Spion – Spirale – Spray – Ta – Uhu – Ulk – UN – Ute

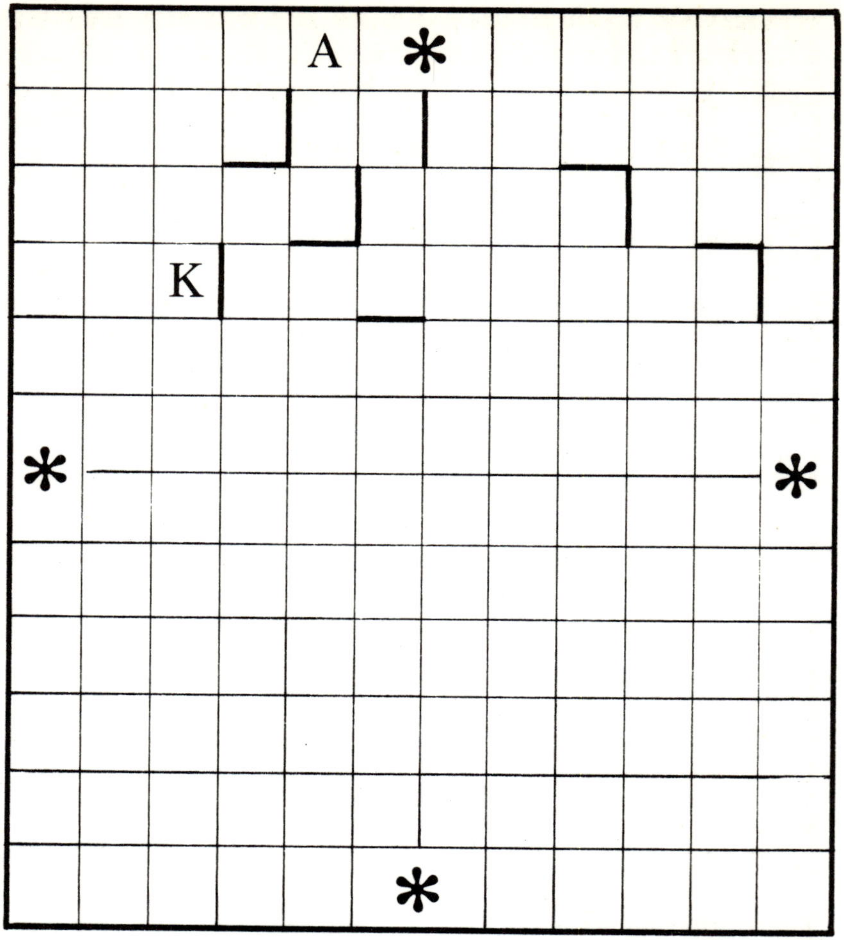

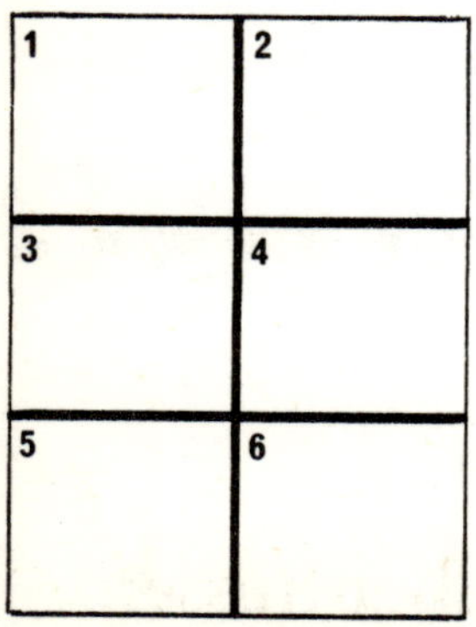

370* Silben-Kreuzundquer

In jedes Feld ist eine Silbe einzutragen; zusammenhängend gelesen, ergeben sich Wörter folgender Bedeutung:

1 + 2 Handwerker
1 – 5 weiblicher Vorname
2 + 1 Retter
2 + 3 deutsche Hauptstadt
2 + 6 Stadt in Norwegen
3 + 4 Hülsenfrucht
3 + 5 Laubbaum
3 + 6 deutscher Filmkomiker
4 + 6 niederbrennen
5 + 6 Waffe

153*
Das Rätsel von der Sklavin Tawaddud

aus „Die Erzählungen aus den Tausendundein Nächten“ der 454. Nacht

Einst lebte zu Baghdad ein angesehener Kaufmann. Als er starb, hinterließ er seinem Sohn Abu el-Husn ein reiches Erbe. Doch anstatt es zu mehren, vertat der es elend – bis auf die treuergebene Sklavin Tawaddud. Sie war über die Maßen schön, klug, gebildet und „beschämte Mond und Sonne“ durch ihre Lieblichkeit. Ihres Herrn Leid rührte sie, und sie bat um ihren Verkauf an den Beherrscher aller Gläubigen Harûn er-Raschîd. Der Kalif war nicht abgeneigt, den verlangten Preis von zehntausend Dinaren zu zahlen, doch zuvor wollte er ihre Weisheit durch die klügsten Meister aller Wissenschaften und Künste erproben lassen. So geschah es. Die Prüfung dauerte lange. Tawaddud verblüffte durch ihre Antworten, mehr noch durch ihre Rätselfragen, die sie am Schluß jeder Probe an die Meister richten durfte. Als der Arzt an der Reihe war, erging es ihm wie allen anderen zuvor. Er wußte keine Antwort auf dieses Rätsel der Tawaddud:

„Was ist das für ein Ding, das an Rundung der Erde gleicht, und dessen Rückgrat und Ruhestätte kein Blick der Augen erreicht? Es ist gering an Wert, engbrüstig und wenig geehrt; es trägt eine Fessel um den Hals und ist doch kein entlaufener Sklav, es ist gebunden und doch keiner, den man beim Diebstahl traf; es ist durchbohrt, aber nicht im Kampf mit der Lanze, verwundet, aber nicht im Waffentanze; es frißt der Zeiten Länge und trinkt des Wassers Menge; bald wird es ohne Schuld geschlagen, bald muß es endlose Knechtschaft ertragen; nach der Trennung ist es wieder im trauten Verein, es ist gefügig, aber nicht durch Schmeichelein; es ist schwanger, ohne daß es ein Kind in sich trägt, es neigt sich, ohne daß es sich auf die Seite legt; es wird schmutzig und macht sich selbst wieder rein, es hält aus und kann auch wieder anders sein; ohne Rute paart es sich, es ringt, doch niemals wahrt es sich; es ruht sich aus und läßt andere ruhn, es wird gebissen, ohne einen Schrei zu tun; ihm werden mehr Ehren als einem Gaste geweiht, und doch ist es unwillkommener als die Hitze zur Sommerszeit; es verläßt seine Gattin zur Nacht und umarmt sie bei Tage, und in den Ecken der Wohnungen vornehmer Leute pflegt es sich zu verstecken.“

Tawaddud besiegte alle. In seiner Begeisterung ließ Kalif Harûn er-Raschîd hunderttausend Dinare an ihren Herrn zahlen und gewährte Tawaddud eine Gnade. Sie erbat die Rückkehr zu ihrem Herrn Abu el-Husn. Der Kalif erfüllte ihren Wunsch und schenkte ihr fünftausend Dinare dazu.

178 Rebus

195* Feind der Rundung?

Keine runde Schüssel hat's,
doch jedes runde Becken,
keine runde Pfütze,
doch jeder runde Flecken.
Kein runder Stab,
doch jeder runde Stecken,
kein runder Laib,
doch jeder runde Wecken.

277 Das Erste ist nicht anders,
erst recht das Zweite nicht.
Das Ganze läßt nicht warten,
wenn's hält, was es verspricht.

271 Die beiden Ersten sind mehr als gut;
mit der Dritten wehrt sich die Gassenbrut.
Das Ganze ist die adlige Klasse
unter einer sonst sehr gemeinen Rasse.

314 Das magische Quadrat

Albrecht Dürer hat im Todesjahr seiner Mutter 1514 den berühmten Kupferstich „Melencolia“ geschaffen. Dem aufmerksamen Betrachter fällt in dieser Bildkomposition das eigenartige Quadrat auf, in dessen 16 Feldern sich die Ziffern 1 bis 16 in scheinbar unregelmäßiger Anordnung befinden. Nur die Jahreszahl 1514 scheint sinnvoll angebracht. Und so sieht es aus:

16	3	2	13
5	10	11	8
9	6	7	12
4	15	14	1

Wer Sinnvolles in dem Quadrat entdecken möchte, beginnt unwillkürlich zu zählen. Plötzlich fällt's wie Schuppen von den Augen, daß sich hier eine sehr systematische Regelmäßigkeit verbirgt: alle Senkrechten, Waagerechten und Diagonalen ergeben die Summe 34. Das ist aber erst der wunderbare Anfang: auch die vier Eckfelder, die Zentrumsfelder und je zwei und zwei korrespondierende Felder ergeben als Summe 34. Unheimlich? Magie? Ein freier Nachmittag kann die Augen öffnen. Über achtzigmal soll sich die mysteriöse Zahl 34 errechnen lassen, sogar durch Rösselsprung.
Eine derartige Figur heißt magisches Quadrat. Der Deutungen gibt es viele. Sie führen weit zurück ins Reich der Kabbala, Magie und Mystik. Was auch immer die Auslegung dieser rätselhaften Zahlenquadrate bedeuten möge, uralt ist ihre Bedeutung bei Primitiv- wie Hochkulturen. Nicht nur für Arithmetik und Astrologie, mit denen sich Dürer übrigens auch eingehend befaßte. Verständlich, wenn derart geheimnisvoll anspringende Figuren zu allen Zeiten die Gemüter in Bann geschlagen haben.
Erfunden haben sie die Hindus. Zusammen mit anderen Kulturgütern (Schach, Spielkarten) kamen sie vom Orient zum Okzident. Um 900 n. Chr. entdeckte man sie in arabischen Manuskripten. Mit dem Aufkommen der jüdischen Kabbalistik, die mit Zahlen- und Begriffsmystik verknüpfte Philosophie, fanden magische Quadrate Eingang. Sie spielten dann um 1200 eine Rolle in der von der Kirche erlaubten „Weißen Magie“ und der von ihr verfemten „Schwarzen Magie“.
Dürer erfand sein magisches Zahlenquadrat selbst – das älteste überhaupt, das im christlichen Abendland nachweisbar ist. Im ganzen wurden sieben verschiedene Größen entdeckt, die von $3 \times 3 = 9$ bis zu $9 \times 9 = 81$ Felder ausweisen, als unglückabwehrende Amulette galten und den sieben Planeten zugeordnet sind. Alle weisen eine ähnliche Zahlenmystik auf wie das Dürersche Quadrat.
Die Rätselmacher haben sich auch des magischen Quadrates angenommen und Variationen auf andere Figuren – Dreieck, Gitter, Diamant – angewendet, doch ganz frei von Mystik und Magie. Das kleine „Wunder“ ergibt sich aus den erfragten Wörtern, die sich – längs wie quer eingetragen – so mischen, daß sie sich in beiden Richtungen lesen lassen. Das Randwort oben und links ergibt die Anfangsbuchstaben, das Randwort rechts und unten die Endbuchstaben. Alles andere reiht sich sinngemäß ein.

120 Von einem Wächter heißt's ein Zahlwort streichen,
dann hast du ihn und sieben seinesgleichen.

90 Ich habe Wasser und bin nicht naß,
ich habe Feuer und bin nicht heiß,
ich hänge am Kreuz und bin nicht tot,
ich gelte Tonnen und wiege kein Lot.

91 **Stets bei dir**

Wo du stehst, da steht es;
wo Du gehst, da geht es;
wo du ruhst, da ruht es;
was du tust, das tut es.

146* **Viermal gleicher Kopf**

Mit a kann schief sie werden,
mit ie darf sie's nicht sein,
vor ü hüt' dich auf Erden,
mit o ist's ein Verein.

137 Eins-zwei gibt man nicht feurig-heiß,
gemessen tun es Jüngling, Mann und Greis.
Wirfst du jedoch mir Zwei-eins zu,
stehn wir gewiß auf du und du.

Vignette von Ludwig Richter

111 Sie verschönern jede Stadt,
glücklich ist, wer gute hat.

112 Tust du es oft,
weil's dir gefällt,
dann schließt sich an
dein gutes Geld.

138 Eins schützt dich vor dem Feind,
zwei-drei birgt jede Stadt.
An eins-zwei-drei vereint,
lachst du dich gründlich satt.

92 Ich hüpf' auf einem Bein,
doch gibt man mir nicht Schläge,
dann bin ich faul und träge,
ja leblos wie ein Stein.

121 Heiß bin ich, wenn ich bleibe ganz.
Doch kürzet man mich mit Gewalt
um meinen Kopf und meinen Schwanz,
gleich werde hart ich dann und kalt.

95 Ich hab eine Zunge
und kann nichts sagen;
doch wägt man nichts,
ohne mich zu fragen.

122* Einem hohen Offizier
entnehme seinen Kern.
Was übrig bleibt,
das hängt am Baum,
jeder pflückt es gern.

139* Ich kehre ein im Ersten,
wo mich das Zweite labt.
Beim Ganzen muß ich lassen,
was ich zuvor gehabt.

140* Eins ist ein Haus,
ganz fest verschlossen.
Auf zwei lebst du,
vom Regen wird's begossen.
Viel Nässe ist ums Ganze,
der Wind treibt sie zum Tanze.

148* Mit a paßt er auf,
mit e hebt man's auf,
mit i tischt er auf,
mit o sagt man's auf,
mit u – gib es auf!

147* Mit a schenkts Ruh, wer müd und matt,
mit e wird keiner richtig satt,
mit i steht jedermann darauf,
mit o hemmt es der Schiffe Lauf,
mit u so mancher Ofen tat.

Die magischen Figuren

haben als Rätselart das Eigenartige gemeinsam, daß sich die Lösungswörter gleicher Numerierung in den waagerechten und senkrechten Reihen des Diagramms eintragen lassen und wie ein Gitter überschneiden (siehe auch Seite 89).

315* Magischer Diamant I

1 Gestell – 2 hoher Offiziersrang – 3 männlicher Vorname – 4 orientalische Haustaubenform – 5 Vorratsraum

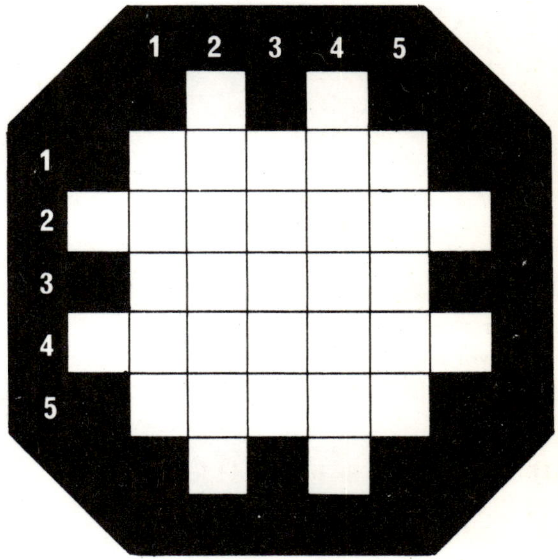

317* Magisches Quadrat (16)

1 griechischer Liebesgott
2 Ruhepause
3 europäische Hauptstadt
4 halt!

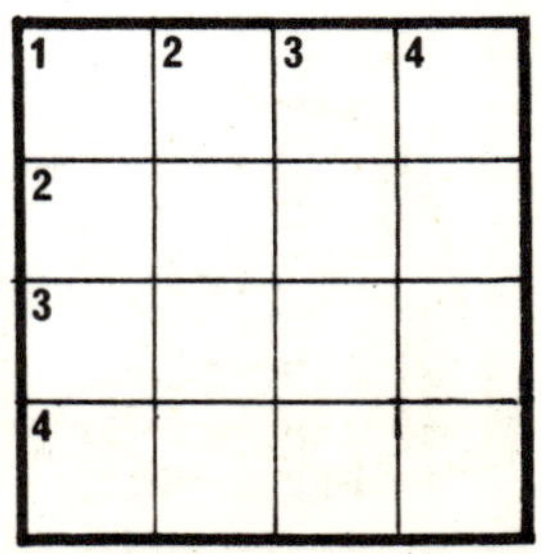

385* Ein Knochen zuwenig

In dieser Bildergeschichte geht es um zwei Hunde, einen Knochen und ein fehlendes Wort. Wer die logische Reihenfolge der Bilder bestimmt hat, erfährt auch das Wort, das gleichfalls als Überschrift für den Ausgang der Handlung gelten kann. Wie lautet das hier gesuchte Wort?

313* Schüttelkaskade: Märchenhaft!

Wer mag das sein: BUBE oder MAID? Hat HAND oder FUSS? Lebt von BROT oder WEIN, an ELBE oder MAIN, auf MOND oder WELT, auf BAUM oder FELS, von MAUS oder RIND? Macht KIES zu GOLD? Märchenhaft! Genau weiß es derjenige, wer von Zeile zu Zeile einen Buchstaben des jeweiligen Ausgangswortes durch einen neuen Buchstaben ersetzt und alle Buchstaben so schüttelt, daß nach viermaligem „Wortwechsel“ sich der neue Begriff ergibt:

BUBE	HAND	BROT	ELBE	MOND	BAUM	MAUS	KIES
MAID	FUSS	WEIN	MAIN	WELT	FELS	RIND	GOLD

149 Mit H eilt's,
mit R weilt's,
mit M nährt's,
mit L beschwert's,
mit M ragt's,
mit G Danke sagt's.

229 Der vom Himmel fällt,
der die Fässer hält,
wenn die Traub' es ist,
die die Fässer schwellt.

94 Es kommt vom Leben,
hat kein Leben
und muß doch Leben tragen.

96 Die Wahrheit ist ihm heilig Pflicht,
und darum ist er unbestechlich;
er schmeichelt Fürsten, Weibern nicht,
und darum wohl ist er zerbrechlich.

93 *Ich bin ein kleines Männchen,*
hab' einen runden Kopf,
und streicht man mir das Köpfchen,
dann brennt der ganze Schopf.

320* Magisches Gitter I

1 Stadt in der Pfalz
2 Baumfrucht
3 deutscher Maler (1751–1829)
4 großer Berg

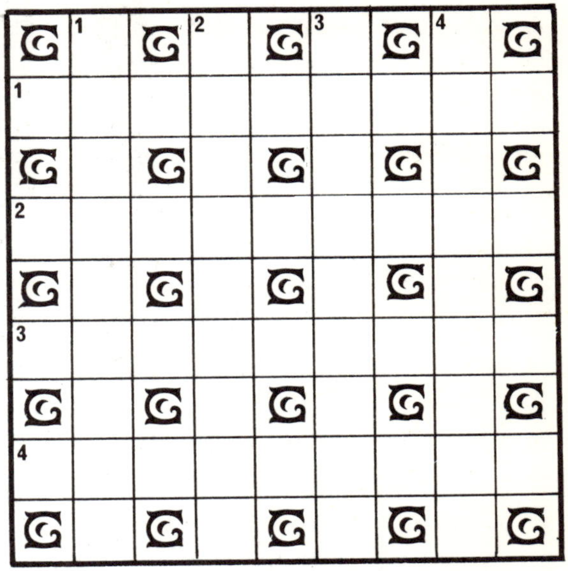

375* Wortgleichung

Setzt man für jeden Buchstaben von a bis p ein Wort der angebenen Bedeutung, und zieht man sie richtig voneinander ab, nennt X ein Ereignis, das jährlich zweimal fast unbemerkt eintrifft.

$$(a - b) + (c - d) + (e - f) + (g - h) +$$
$$(i - j) + (k - l) + (m - n) + (o - p) = X$$

a früheres Feldmaß – b Fabrik – c Unglück – d Himmelskörper – e Fabeltier – f Vergeltung – g Anwohner – h Trinkstube – i Anhänglichkeit – j Bußfertigkeit – k dichterisch für Glanz – l Baumteil – m Gipfel der Berner Alpen – n Wurfspieß – o Hartkäsesorte – p Raummaß für Holz

338* Städtekamm

Wenn die gesuchten sieben Städte in die leeren Kästchen von oben nach unten eingetragen sind, ergeben deren Anfangsbuchstaben - ergänzt um noch sechs Buchstaben – eine Kurstadt in Oberbayern.

Aus den Buchstaben: A – A – A – B – C – D – D – E – E – E – E – E – E – E – E – F – F – G– H – H – I – L – L – M – N – N – N – N – N – O – O – R – R – R – R – R – S – S – S – T – T – T – U – U – U – U – U – Y ergeben sich: 1 deutsche Hauptstadt – 2 Stadt in Nordrhein-Westfalen – 3 Stadt am Rhein – 4 Hauptstadt von Thüringen – 5 Stadt in Nordrhein-Westfalen – 6 Hauptstadt von Anhalt – 7 Stadt in Bayern

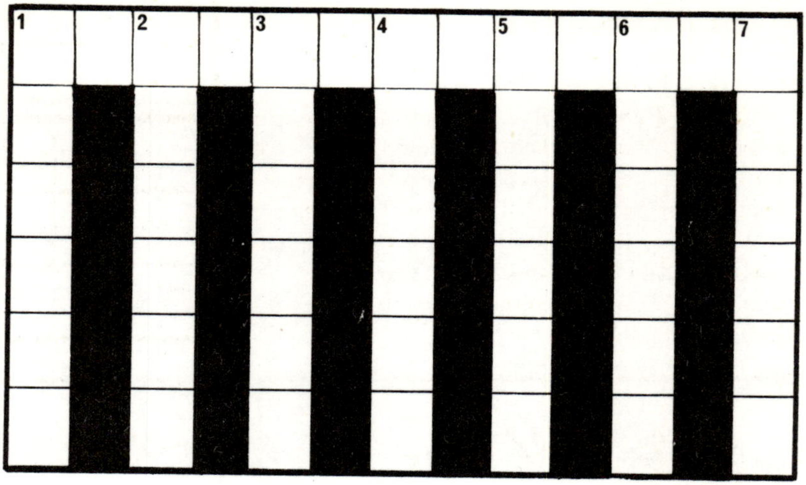

98 Ich bin nicht morgen mehr,
als was ich heute bin.
Tisch, Bett und Haus sind fort,
sogar mein Nam' ist hin.

97 Nicht sink ich im Wasser,
nicht brenn ich im Feuer,
nicht friert mich in Eis und Schnee.

129* Anagrammoid

Gesucht ist eine deutsche Stadt,
die einen großen Hafen hat.
Aus den Wörtern RAUM, BUG, RUH,
RUHM, GRAM, RAUB, BAU, HARM und MUH
wähle ihre Buchstaben aus,
geordnet wird ihr Name draus.

102 Städte hab ich, keine Häuser;
Wälder hab ich, keine Bäume;
Meere hab ich, keine Fische.

99 Es stand ein Männlein im Holz,
das sprach und sprach so stolz,
so viel er konnt auch sagen,
nie wagte man zu fragen.

100 Niemand kann zween Herren dienen,
so steht's in der Bibel;
aber ich kann das,
und auf demDritten reite ich.

101 Ich lebe ohne Seele
und höre ohne Ohren;
ich rede ohne Mund,
werd' in der Luft geboren.

197* Sonnengegner

Läuft ums Haus herum,
läuft am Haus hinunter,
ist bei Sonnenschein stumm,
bei Schlechtwetter munter.

364* Ausfüllrätsel: Im Zickzackkurs

Werden alle sechsbuchstabigen Wörter der angegebenen Bedeutung im Zickzackkurs der punktierten Linien eingetragen, dann nennen die 2. und die 5. waagerechten Reihen ein berühmtes Bauwerk in Europa:
1 diebischer Rabenvogel – 2 Hauptstadt von Albanien – 3 Wasserbecken – 4 Rheinzufluß und Paß in der Schweiz – 5 Sondersprache einer Gruppe oder Schicht – 6 Oper von Carl Maria von Weber – 7 letzter Richter und erster Prophet Israels – 8 Komponist der Oper „Der Evangelimann“ – 9 eßbare Meeresmuschel – 10 Urbevölkerung von Spanien

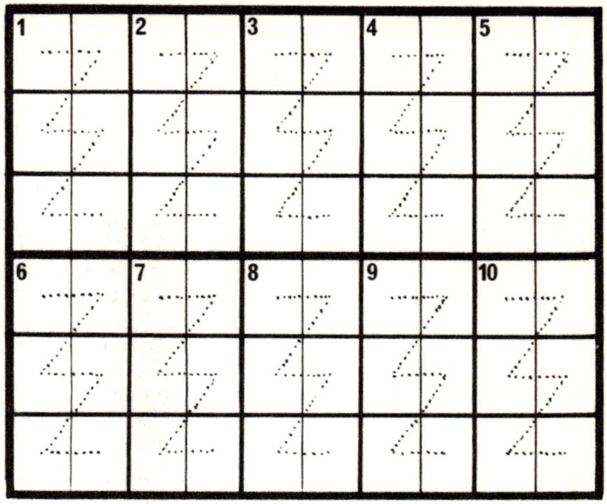

179 Rebus

181 Rebus

266* Negatives Ergebnis

Zum Grundmaß füge starken Sinn –
doch der Gewinn ist kein Gewinn.

103 Seltsames Wesen

Im Walde geboren,
ohne Rückgrat und Blut,
geht auf feuchtem Pfade.

180 Rebus

182 Scherzrebus

365* **Schütteltage**

Wenn alle Wörter mit sechs Buchstaben untenstehender Bedeutung von 1 bis 8 in der linken Hälfte eingetragen sind, nennen ihre Endbuchstaben im dickumrandeten Feld von oben nach unten einen Wochentag. Jetzt alle Wörter kräftig schütteln und die neuen Wörter in der angegebenen Bedeutung von 9 bis 16 nebenan in die Nachbarzeilen eintragen. Bei richtiger Lösung nennen ihre Anfangsbuchstaben im dickumrandeten Feld gleichfalls einen Wochentag.

1 Salz des Bromwasserstoffs
9 krankhaft
2 Abkürzung für Schiedsrichter
10 Art der Iren
3 Kopfbedeckung
11 Zeichentinte
4 Name berühmter Filmschauspielerin
12 heiße Zonen
5 Ort am Furkapaß
13 Berliner Biersorte
6 Doppelgrill
14 Ausdruck für Oberst
7 römischer Philosoph und Dichter
15 Stadt in Oberitalien
8 Stadt in Burma
16 Tau am Ladebaum

1													9
2													10
3													11
4													12
5													13
6													14
7													15
8													16

141 **Scharade** 1 + 1

Mein Erstes ist bald groß, bald klein;
wir gehen darin aus und ein.
Das Zweite kannst du amtlich sein,
zugleich es geben groß und klein.
Mein Ganzes ist bald grob, bald fein,
und stets gehört's in Eins hinein.

104 **Verkehrtherum**

Es wurzelt gen Himmel
und wächst zur Erde.

123 **Logogriph**

Seht ihr drin vier Spiele,
stets ein Spieler ist's;
fehlen die vier Spiele,
klar wie Wasser ist's.

124 **Logogriph**

Vom H zum P
und weiter zum L
kommt in das Elend
manch' lustger Gesell.

310* Kreisarithmogriph II

In die Kreise I bis XII sind im Uhrzeigersinn zwölf Wörter folgender Bedeutung einzutragen. Für die Buchstaben stehen Ziffern; gleiche Ziffern bedeuten gleiche Buchstaben. Die Anfangsbuchstaben aller zwölf Wörter (= Ziffern 1 bis 12) nennen einen Begriff für unverständliche Sprache: I großer Behälter – II Aluminiummagnesium-Verbindung – III weiblicher Vorname – IV Biesfliege – V weiblicher Vorname aus „Lohengrin" – VI Art – VII Läuteautomat – VIII Stadt in Ungarn – IX Stadt in Oberitalien – X Kurort im Harz – XI Autorennen – XII Gartengerät

Zum Eintragen der Buchstaben:

1	2	3	4	5	6	7	8	9	10	11	12

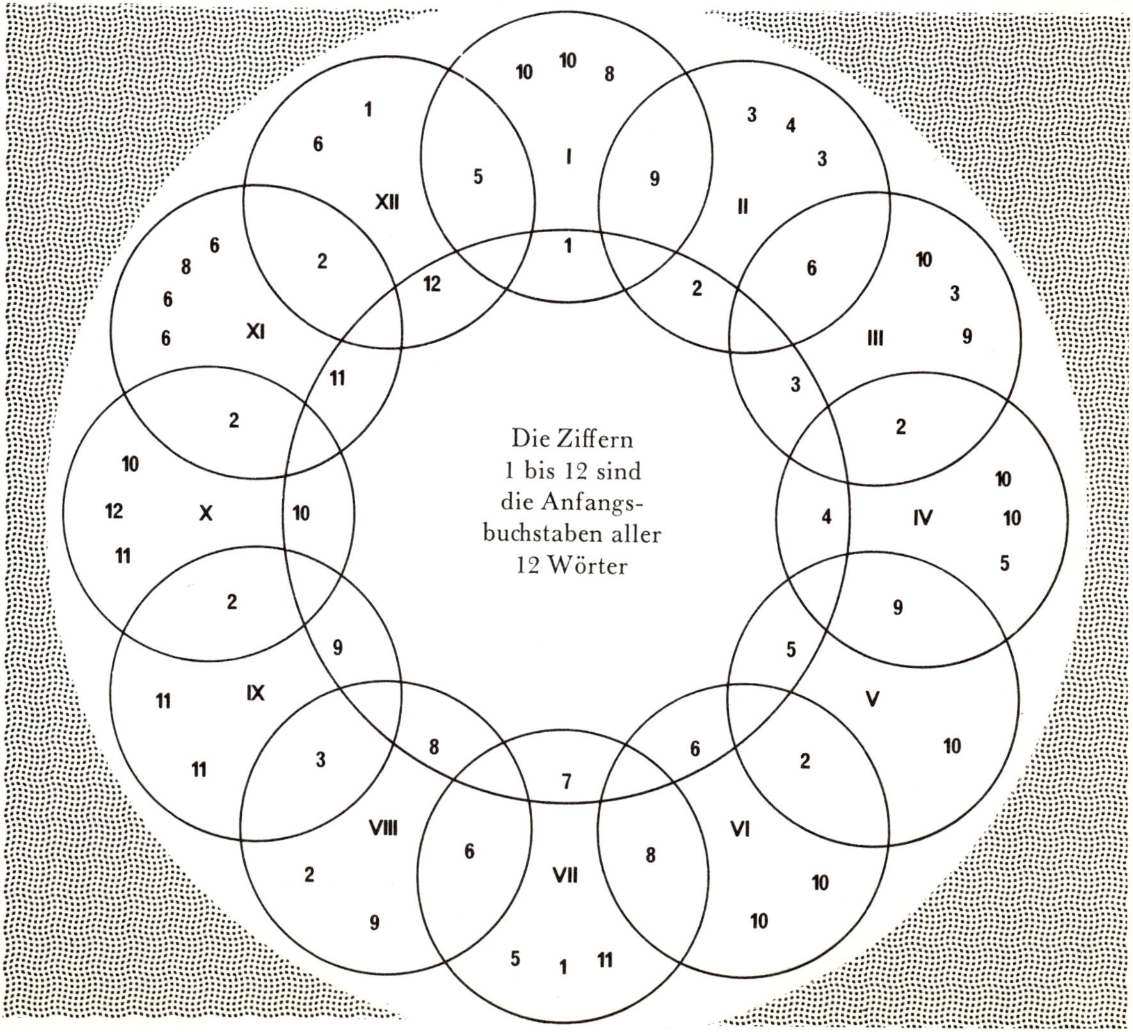

321* Magisches Gitter II

1 städtische Brandbekämpfung
2 Kindernährmittel
3 Signal mit hohem, feinem Ton
4 Tyrann von Megara (7. Jahrhundert v. Chr.)

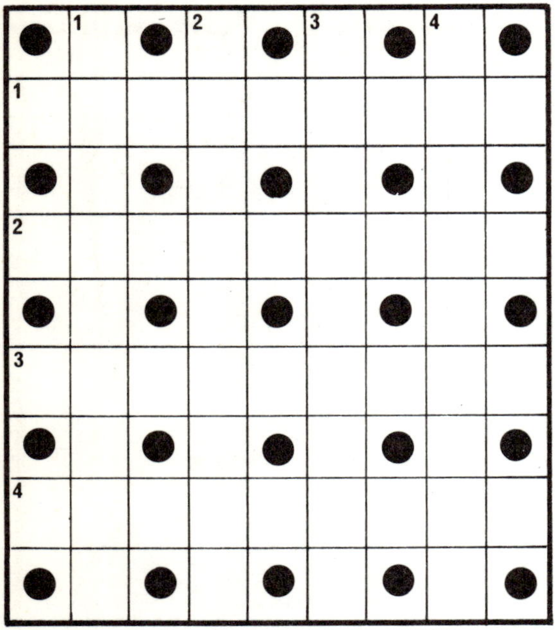

318* Magisches Quadrat (25)

1 deutscher Philosoph († 1831)
2 Geliebte Philipp II.
3 Gestalt der jüdischen Mystik
4 Zögling
5 römischer Grenzwall

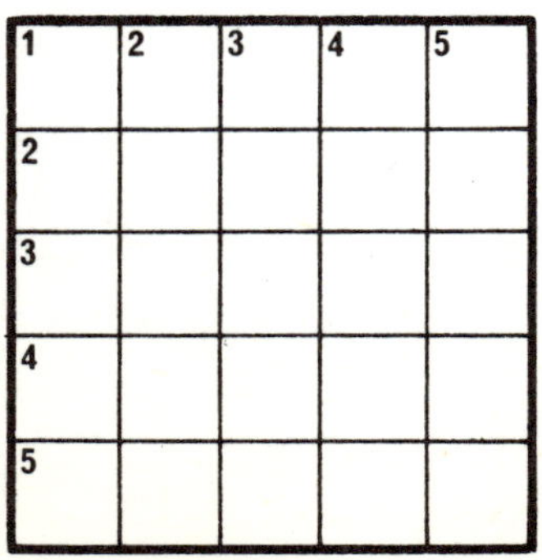

200 Fünf Finger und doch keine Hand,
ein Schuh doch ohne Sohle;
bald weiß wie eine Wand,
bald schwarz wie eine Kohle.

237 Homoionym

Getrennt mir heilig –
vereint abscheulich.

205 Mein Körper ist von Holz,
sehr leicht zu brechen,
mein Herz kann ohne Stimme
mit euch sprechen.

240 Mit G, mit W und Z – drei Worte:
mit G und W an hohem Orte,
mit Z am Ende stets und klein.
Welch Rätsel kann wohl leichter sein?

276 Scharade 1 + 1

Das Erste lieb ich unter mir,
das Zweite über-haupt,
das Ganze täuschet für und für,
daß niemand mehr ihm glaubt.

297 Akzenträtsel

Wärst, betont auf meiner ersten,
selbst du's, wähltest du die Deine –
liegt der Ton auf meiner zweiten,
denkst du sicher an die Seine.

227 Homonym

Was bewegt man, um Fische zu fangen
und um in die Stube zu gelangen?

183 Rebus

105 Sichtbar quellen Qualm und Rauch
aus meinem Bauch;
doch sind allerfeinste Töne hörbar auch.

366* Spiegelrätsel

Dieses Rätsel kann von links nach rechts oder von rechts nach links gelöst werden – wie der Löser Lust hat. Das Resultat muß immer gleich sein. Tragen Sie alle vierbuchstabigen Wörter untenstehender Bedeutung so ein, daß die Endbuchstaben der linken und die Anfangsbuchstaben der rechten Wörter in den starkumrandeten Zahlenkästchen stehen (nur ein Buchstabe also!); dann nennen sie, von oben nach unten gelesen, einen Gegenstand, der die gleiche Eigenschaft aufweist wie dieses Rätsel:

1 Getreideart — 2 Land in Asien
3 norddeutscher Dichter — 4 Filmstar Harry ....
5 weiblicher Vorname — 6 Biene
7 Weinernte — 8 Haustier
9 das letzte Haus — 10 Futterpflanze
11 Weinstock — 12 Haustier
13 gleich — 14 Situation

1				2			
3				4			
5				6			
7				8			
9				10			
11				12			
13				14			

Visitenkarten-Rätsel **253*** Was studiert sie?

CHRISTA NENN

TURKEI

144 Akzenträtsel

Leg' auf die letzte Silbe mir den Ton
und sieh! ich hab den Reiz der Neuheit noch.
Legst auf die erste du mir ihn jedoch,
dann muß der Mensch mich, der verblichen schon.

106 Wie man das Ganze schreibt,
sag, kluger Rechner, bestimmt:
wenn man ein Siebtel mir nimmt,
daß nur ein Achtel noch bleibt.

107 Ihr lieben Leut,
was das bedeut:
hat sieben Häut',
beißt alle Leut'.

108 Wenn du es jagst,
so flieht es dich;
wenn du es fliehst,
so jagt es dich.

125 Du in der Mitte von Geld,
wer das nicht für eine Tugend hält.

109 Zwei Löcher hab ich,
zwei Finger brauch ich:
so mach ich Langes und Großes klein
und trenne, was nicht beisammen soll sein.

322* Magisches Doppelgitter

1 Pelzumhang
  a Lebensgemeinschaft
2 Stadt in Nordrhein-Westfalen
3 erkennbare Fährte
4 höchste Schulklasse
  b rumänische Münze
  c männlicher Vorname
5 schweizer Erholungsort
  d Grasschnitt
  e Reitersoldat
  f Honigwein

377* Wörter steigern

Gesucht werden Wörter, die sich wie lau – Laus – Lauser „steigern“ lassen. Dieses Spiel erlaubt sogar vier Stufen der „Steigerung“:

1 verletzt – Verletzung – Mirakel
2 Ton – Saiteninstrument – ehrenhaft
3 Eins fließt groß im großen Land
  nordwärts und ist weltbekannt.
  Eins + zwei im Kartenspiel
  und im Gasthaus bringt dir viel.
  Eins + zwei + drei – ein Mann,
  welcher kommandieren kann.
4 Niederschlag – gehörlos – Hausvogel – Fluß in Franken
5 rumänische Münze – Hanf – Schnur – Gewebe

376* Nach rechts oder links?

ASBEST
VERACRUZ
HUMORESKE
TAUCHSIEDER
ABKEHR
KARAWANKEN
SCHREIBZEUG
BETRAGEN

Diese acht Wörter sind einzeln so nach rechts oder links zu verschieben, bis zwei nebeneinanderlaufende senkrechte Reihen die Namen von zwei österreichischen Komponisten nennen. Guten Schub!

184 Rebus

Visitenkarten-Rätsel

254* Welchen Dichter liest sie gern?

FRIDL REICH
LESRICH

150 Kryptogramm

Aus sechs Sprichwörtern je ein Wort entnehmen und ein siebtes bilden:

Aus fremder Haut ist gut Riemen schneiden.
Was dem einen recht, ist dem andern billig.
Vom Funken brennt das Haus.
Kein Meister wird geboren.
Ein schlafender Hund fängt kein Huhn.
Ein gebranntes Kind scheut das Feuer.

113 *Hast du das Werk, so bist du froh,*
stellt sich heraus, es ist auch so.

126 Wirfst du die in einen kleinen Fluß,
ein östlich Reich entstehen muß.

127 Das Beste selbst wird höchst gefährlich,
mit einem i drin, und begehrlich.

128 *Aus einem Vogel acht entferne,*
sitzt du darin im Garten gerne.

142 Scharade 1 + 1

Ein Flächenmaß mein Erstes ist;
ein Hase leicht das Zweite vergißt,
doch ziert's den Mann von rechter Art;
als Bürde drückt das Ganze hart.

316* Magischer Diamant II

1 gesetzlich – 2 Staat in Afrika – 3 Spender – 4 Studentenblume – 5 römische Schutzgeister

319* Magisches Quadrat (36)

1 Begierde, Trieb
2 griech. Sagenfigur
3 Baustätte
4 Spöttelei
5 griech. Volksstamm
6 christliches Fest

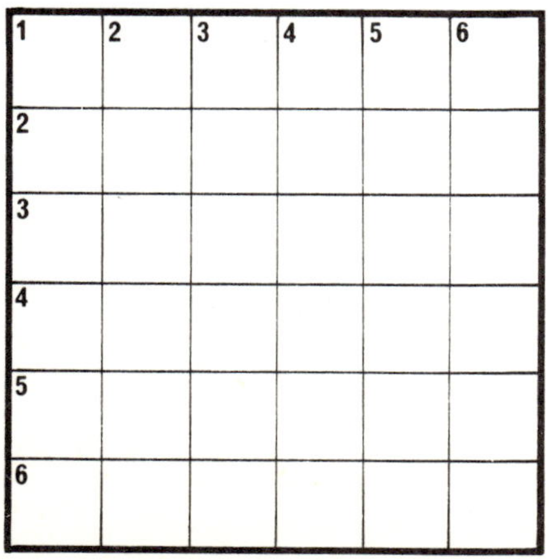

154 Halslöserätsel

1
Ein armer Sünder wurde zur Richtstätte geführt, den Tod zu erleiden. Als er nun oben war, gab er ein Zeichen und bat, noch einmal sprechen zu dürfen. Das wurde ihm erlaubt, und er gab dieses Rätsel auf:

„Hoch hing ich,
sieben Lebendige fing ich;
einen Toten sah ich dabei:
Ihr Herren, ratet, was das sei;
und könnt ihr es nicht erdenken,
so wollt ihr mir das Leben schenken.“

2
Einem Mann war das Leben abgesprochen. Er sollte hängen. Seine Frau wollte ihn retten und bat, den Richtern um der Freiheit willen ein Rätsel aufgeben zu dürfen:

„Auf Ilo geh' ich, auf Ilo steh' ich,
auf Ilo komm' ich dahergerannt,
Ilo ist mir wohlbekannt,
auf Ilo kehre und wende ich mich,
auf Ilo hoff' ich Freud und Leid:
Ratet, Ihr Herren, nun ist es Zeit.“

(Halslöserätsel siehe auch Seite 104.)

Ungelöste Rätsel

Unlösbare Rätsel, sollte man meinen, gibt es nicht. Was der Mensch erdenkt – auch der Mensch erkennt. Und doch blieb manches ungelöst für die Nachwelt, die auf Ungelöstes stieß und dem Geheimnis nicht auf die Schliche kommen konnte. Allen Scharfsinnigen einige Beispiele zur Anregung und Ermunterung:

Halslöserätsel

Eine Frau war zum Tod durch den Strang verurteilt. Als sie schon unter dem Galgen stand, gewährte man ihr eine Gunst: könne sie ein Rätsel aufgeben, das niemand errät, käme sie frei. Die Frau sagte:

„Meine Liebe ließ ich hängen,
trieb die Liebe auf die Liebe,
durch die Erde kam ich her."

Niemand wußte eine Lösung für das seltsame Rätsel, die Frau kam frei. Wissen Sie eine schlüssige Erklärung? Vermutet wird dies: Die Frau hatte ihr Kind in einem Korb an die Wand gehängt, die Hühner in den Weizen getrieben, den Backofen eingeschlagen und ist durch ihn hindurchgekrochen. (Halslöserätsel auch Seite 103.)

Rätsel des Simson

Ähnlich den Halslöserätseln des Mittelalters gründet auch dieses Rätsel auf einem persönlichen Erlebnis ohne Zeugenschaft – also unlösbar. Als der löwenstarke Simson auf Brautschau nach Thimnath hinabging, erlebte er ein Abenteuer mit einem Löwen, von dem er keinem erzählte. Als die Hochzeit beschlossen war, die sieben Tage dauern sollte, gab er ein Rätsel auf: „Speise ging von dem Fresser und Süßigkeit von dem Starken." Wer es in der Frist errät, erhält Belohnung, wer nicht, muß ihn belohnen. Sechs Tage rieten sie vergebens herum. Am siebenten drohten sie Simsons Weib und ihres Vaters Haus mit Feuer, wenn sie die Lösung nicht preisgibt. Da bedrängte sie Simson mit einer List, und er gab die Lösung frei, und sie verriet sie an die Thimnither. Nicht menschliche Weisheit vermochte das Rätsel zu lösen, nur Drohung und Verrat. Geschichte und Lösung ist nachzulesen im Alten Testament, Richter 14. Kapitel.

Das Brüderrätsel

„Turandot", der Almanach des Rätselhaften von Georg Lotz und Karl Töpfer, erschien in Hamburg von 1827 bis 1829. In der Ausgabe von 1829 wurde das berühmt gewordene „Brüderrätsel" abgedruckt. 1830 erschien der Almanach nicht mehr, die Lösung ist verschollen. Dieser Umstand gab vielen erst den Anreiz, sich mit einer Lösung zu versuchen. Bis heute konnte keine vollkommen befriedigen. Vielleicht liegt es bloß daran, daß die gesuchten Bezeichnungen unserem Sprachschatz abhanden gekommen sind. Das „Brüderrätsel" lautet wörtlich:
All und Jeder wird hiemit höflich aufgefordert, auf nachstehend nur allzu deutlich bezeichnete Familie zu vigilieren (lauern). Die Familie besteht aus fünf Brüdern gleichen Namens, aber verschiedenen Vornamens.

Erster Bruder. Ein paar tausend Jahr alt. Kleiner und untersetzter Statur. Ist ein lustiger Patron, hat kein Geschäft in der Welt, als zu jubeln. Ist ohne Falten in seinem Innern, wovon ein Blick die Überzeugung gibt. Mischt sich nicht in Händel; entstehen dergleichen, so schweigt er still und verkriecht sich. Spricht weder deutsch noch französisch noch eine andere Nationalsprache und wird doch von allen Nationen verstanden. Kann den Winter nicht leiden und die winterliche Zone. Vermag einen Hügel zu ersteigen und zugleich in die Tiefe zu gehen, und umgekehrt sich hinab ins Tal zu begeben, während er aufwärts steigt. Steht gewöhnlich auch am Berg, wenn die Ochsen am Berge stehen. Ist kein Christ, und erfüllt doch treulich den Spruch: Tue wohl deinem Nächsten.

Kann nichts verschweigen: teilt alles mit, was man ihm anvertraut. Kann weder schreiben, noch lesen; aber ist gern beim Lesen und veranlaßt Lesen. Zieht Silber an, wie Magnet Eisen.

Zweiter Bruder. Ist seinem Berufe nach ein Brandstifter. Größe, nach Umständen. Alter unbekannt. Als ein Kerl ohne Kopf, ein Taugenichts. Wird allein nie gesehen mit Pudeln oder Jagdhunden, aber desto häufiger mit Spitzen. Wird bei der Dampfmaschine gebraucht. Macht den Leuten blauen Dunst vor. Ist übrigens ein Bursch wie gedrechselt. Sieht zuweilen aus unbekannten Fenstern und erzählt schweigend den Vorübergehenden, welche Gattung Person in dem Hause wohnt. Hängt sich an allerlei Leute. Stirbt an dem geringsten Reißen an seinem Körper. Ist streng verschlossen und tut wohl daran: denn schwarz ist sein Inneres und abscheulich. Bereist als Beförderer des Rauchwaren-Geschäftes die Messen. Lockt unbärtige Studenten an und benebelt sie. Hat galante Dinger, wie man zu sagen pflegt, am Schnürchen, weiß sich aber selten geschmeidig zu biegen und läßt mehr oder weniger immer den Kopf hängen.

Dritter Bruder. Früher in Militärdiensten. Schon damals wurde Beschlag auf ihn gelegt. Dann Lastträger. Ist oft in Händel verwickelt und überhebt sich dann eines jeden. Trotz seiner Gemeinheit läßt er manchen sein Gewicht fühlen. Ist wohltätig gegen Krüppel und Blinde. Trägt zuweilen versteckt Waffen bei sich, man suche sie am Oberkörper. Tut den schwächsten Personen unentgeltlich, wie man zu sagen pflegt, Pferde-Arbeit. Hat nie Logik studiert; aber oft die Ansicht eines großen Philosophen unterstützt. Hat mehrere Feldzüge mitgemacht, ist nie geschlagen worden, sondern hat stets geschlagen. Leute, die sonst gut deutsch verstehen, meinen, er sei deswegen *beriehmt* gewesen.

Vierter Bruder. Ohne gerade Empfindler zu sein, ist dieser doch ein Süßling zu nennen. Er schießt, aber stets in die Höhe, drum trifft er keinen Menschen. Macht die größten Seereisen, ohne seekrank zu werden. Wenn er jemals Wunden bekommen könnte, so würden diese sehr schnell heilen, weil er äußerst gute Säfte besitzt. Leidet viel vom Preßzwang, ist aber weder Zeitungsredakteur, Buchhändler, Drucker, noch Schriftsteller. Ist schlicht und gerade, dennoch ist ihm das Raffinierte nicht fremd.

Fünfter Bruder. Mehrerer Morde verdächtig. Man traut sich nicht, ihm zu nahe zu kommen, da er Eigentümer eines Schlosses ist. Wenn auch Hungersnot eintritt, so kauft doch niemand sein Korn. Dreht den vornehmsten Leuten den Rücken zu und ehrt sie dadurch. Gefällt am wenigsten, wenn er gefällt. Befindet sich wohl, aber nimmt Pulver ein. Ist ziemlich schwerfällig, kommt er jedoch einmal ins Springen, so macht er einen Salto mortale. Ist kein Beamter, wird aber angestellt und abgesetzt. Bedient sich nur, wenn es regnet, einer Mütze. Befindet sich viel auf dem Felde und freut sich des Hagels. Diejenigen, welche ihn für einen Koch oder Tischler halten, weil er sich mit einer Pfanne trägt, irren.

Das Rätsel des Kaisers

Um die Jahrhundertwende erschien ein Heftchen mit Bilderrätseln, darunter auch das folgende. Erfinder war der letzte deutsche Kaiser Wilhelm II., der es auf einer seiner Mittelmeerfahrten der Reisebegleitung zum Raten aufgegeben hatte. Damals wurde die Lösung nicht gefunden, und das „weitere vorbereitete Heft“, in dem die Auflösung erscheinen sollte, kam nicht mehr zustande. Ob Ihnen eine plausible Lösung einfällt? (Der zweite Teil des Rätsels, heißt es, sei nicht buchstabierbar.)

Karl Immermann (1796–1840)

Dichter und Dramatiker, hat die Nachwelt mit dem unsterblichen satirischen Zeitroman „Münchhausen“ beglückt. In seinem mythisch-allegorischen Drama „Merlin“ von 1832, das in England spielt, verkörpert der sagenhafte Zauberer Merlin einen Propheten und Heiland, der das Heil auf Erden verspricht, doch nicht verwirklichen kann. Gegen ihn tritt Klingsor auf, ein Ritter der Artusrunde, und es entwickelt sich folgender Rätsel-Dialog:

Klingsor: . . . Magst du wohl Rätsel raten?

Merlin: . . . Wie ich meine,
sind Rätsel, die zu lösen, eben keine.

Klingsor: Drei Knaben wollten in Eimern
uns bringen die Speise her,
sie schöpften aus unendlichem Vorrat,
sie füll'n aus unergründlichem Meer.
Sie laufen und sind geschäftig,
sie halten die Eimer im Kreis,
doch wollen wir essen und trinken,
versiegt in den Eimern die Speis'.
Dann laufen sie wieder zum Vorrat,
dann rennen sie wieder zum Meer,
's bleibt aber beim Hungern und Dürsten,
denn die Eimer, die Eimer sind leer.

Immermann gab keine Lösung bekannt; es blieb auch dunkel, ob er es zeitlebens getan hat.

Wilhelm Freiherr von Humboldt (1767–1835)

war Gelehrter und Staatsmann in preußischen Diensten und hinterließ ein Werk von 17 Bänden. Im 9. Band der Gesamtausgabe von 1912 befinden sich einige der wenigen Rätselsonette, die er nach dem Tode seiner Frau (1829) gedichtet hatte, als er sich, wenige Jahre vor seinem Tode, von der Welt zurückzog. Diese Rätsel sind sehr vieldeutig; schlüssige Lösungen haben sich bis heute nicht gefunden. Vermutlich lag dies in der Absicht des Dichters; denn er hat keine Lösungen hinterlassen.

Räthsel *Sonett 5 vom Januar 1832*

Sechse kommen da mit grauen Locken,
zwei zu zwei gesellet in drei Paaren.
Ist die Wange auch von Thränen trocken,
haben viel im Leben sie erfahren,

und der Parzen schicksalschwerer Rocken
vieles aufbewahrt noch späten Jahren.
Jugend lässet nicht die Pulse stocken,
will hinein ins rasche Leben fahren.

Väter, sterbend, ihren Söhnen weichen,
hinterlassen ihnen reich die Habe,
die nun trägt des neuen Eigners Zeichen,

daß er sicher sie durchs Leben habe.
In des Busens tiefbewegten Wogen
rollt das Leben, rasch dahingezogen.

Goethe gibt sich rätselhaft

Auch Goethe hat uns einige ungeknackte Nüsse hinterlassen, an der die Nachwelt sich immer noch vergebens die Zähne ausbeißt. Hier drei solcher Exemplare aus den Jahren 1814, 1785 und 1810:

Das Erste gibt mir Lust genug.
Das Zweite aber, das macht mich klug.

Viel Männer sind hoch zu verehren,
Wohltätige durch Werk und Lehren,
doch wer uns zu erstatten wagt,
was die Natur uns ganz versagt,
den darf ich wohl den größten nennen,
ich denke doch, ihr müßt ihn kennen?

In seinem „Maskenzug" – ein Gelegenheitsstück von vielen – erscheint hinter Kaiser und Kleriker der Elberich als Rätselfigur und spricht diese Verse:

„Im stillen aber herrschet über diese,
und weit und breit, ein wundersames Haupt,
scheinbar ein Kind und nach der Kraft ein Riese,
das jeder leugnet, jeder hofft und glaubt;
der Welt gehört's, so wie dem Paradiese,
auch ist ihm alles, ist ihm nichts erlaubt.
Verein' es nur in kindlichem Gemüte,
die Weisheit mit der Klugheit und der Güte."

Altes Rätsel aus dem Norden

Ich war eine junge Frau,
ein grauhaarig Weib
und ein wunderschöner Mann zu einer Zeit.
Mit den Vögeln flog ich;
in den Fluten schwamm ich;
tauchte in Wogen, tot mit den Fischen;
ging auf dem Lande, hatte Lebensfülle.

Abbildungen: Die beiden Seiten des Diskos von Phaistos mit seinen rätselhaften Bilderschriften

Lorbeer winkt!

Am 3. Juli 1908 war der Forscher Dr. L. Pernier gerade dabei, nahe dem Palast des Phaistos auf Kreta (erbaut vor etwa 4000 Jahren) einen Vorratsraum freizulegen. Da machte er eine erstaunliche Entdeckung. Eine diskusförmige Scheibe fiel ihm in die Hände. Sie war aus feinem Ton, der nicht von Kreta stammt. Von woher kam sie? Beide Seiten zeigen (eingestempelte?) Bildzeichen, offensichtlich zusammenhängende Aussagen, da Elemente sich wiederholen. So beredt sie sich ansehen, so verschlossen geben sie sich den zahllosen Versuchen der Entschlüsselung durch namhafte Gelehrte. Bis heute blieb die Chiffre ein Rätsel. Wer Freude am Kombinieren hat, versuche seine Kunst an diesem undurchdringlichen Bilderrätsel, das im Museum von Iráklion auf Kreta als „der Diskos von Phaistos" gehütet wird.

Rätselmeister und Meisterrätsel

Eine Französin hatte das Wort vom „Land der Dichter und Denker" geprägt, als sie von 1803 bis 1809 ihr Buch „Über Deutschland" schrieb. Von diesen Dichtern und Denkern des 18. und 19. Jahrhunderts – wir nennen sie die Klassiker – dünkte sich keiner zu gut für das Rätselmachen. Sie gewannen Spaß an der Sache, machten mit und verwandelten das damals kümmerliche Kräutlein Rätsel in einen Garten prächtigster Gewächse. Für gärtnerische Pflege war wohlgesorgt.

Dann aber zog das geschichtsträchtige neue Jahrhundert herauf. Seinen Unbilden widerstanden die zarten, zauberhaften Gebilde nicht. Was ordnende Bewahrer retten konnten, taucht noch heute in Anthologien auf. Selbst das Wenige läßt alte Pracht ahnen und die Hoffnung keimen, daß es neue, unserer Zeit gemäße Rätselfreuden anregen wird.

Ein später Dank all jenen, die uns noch heute durch ihren Geist erfreuen, sei hier festgehalten!

Carlo Graf Gozzi 1720–1806
Gottfried August Bürger 1747–1794
Johann Wolfgang von Goethe 1749–1832
Friedrich von Schiller 1759–1805
Johann Peter Hebel 1760–1826
Friedrich von Matthisson 1761–1831
Wilhelm Freiherr von Humboldt 1767–1835
Christian Friedrich Daniel Schleiermacher 1768–1834
Johann Friedrich Kind 1768–1843
Heinrich von Kleist 1777–1811
Ignatz Castelli 1781–1862
Justinus Kerner 1782–1862
Ludwig Uhland 1787–1862
Arthur Schopenhauer 1788–1860
Friedrich Rückert 1788–1862
Theodor Körner 1791–1813
Franz Grillparzer 1791–1872
August Graf von Platen 1796–1835
Karl Immermann 1796–1840
Heinrich Heine 1797–1856
Heinrich Hoffmann von Fallersleben 1798–1874
Helmuth von Moltke 1800–1891
Gustav Theodor Fechner = Dr. Mises 1801–1887
Wilhelm Hauff 1802–1827
Nikolaus Lenau = Niembsch 1802–1850
Eduard Mörike 1804–1875
Robert Reinick 1805–1852
Friedrich Theodor Vischer 1807–1887
Friedrich Wilhelm Güll 1812–1879
Emanuel Geibel 1815–1884
Max Paul = Paul Möbius 1825–1889
Jean Dufresne 1829–1893
Paul Heyse 1830–1914
Otto Sutermeister 1832–1901
Franz Brentano 1838–1917
Friedrich Schaefer 1866–1917
Alfred Kastil 1874–1950
Ernst Buschor 1886–1961

Die Lösungen

Die Volksrätsel

Die Lösungen der Volksrätsel sind – ungeachtet ihres Alters, Ursprungs, Inhalts und ihrer Herkunft – hier ebenso bunt gemischt vereinigt, wie die Rätsel im Rätselteil verstreut sind. Nur wenn sie einer bestimmten Rätselgattung zugehören, befinden sich die Lösungen unter dem Gattungsbegriff, der ihrem Sinn entspricht.

1 Sphinx-Rätsel, hier eingereiht, weil es längst zu den Volksrätseln zählt: gemeint war der Mensch als kleines Kind, als Erwachsener und im Alter mit dem Stock.
2 der Greis
3 der Floh
4 der Mond
5 der Rauch
6 die Kaffeebohne
7 die Tauben und die Erbsen
8 die Uhr
9 alt
10 falsch
11 die Elle
12 das Gericht
13 der Würfel
14 die Luft
15 der Schmetterling
16 Unsinn
17 das Handtuch
18 das Fenster
19 das Sieb
20 der Atem
21 die Gans
22 der Schornstein
23 der Kater
24 der Weihnachtsbaum
25 die Fliege
26 die Glocke
27 die Schuhsohle
28* die Äpfel
29 das Rätsel
30 das Netz, die Kette
31* die Zimmerdecke
32* die Briefmarke
33 der Schnee
34 der Mensch
35 die Puppe
36 der Storch
37 die Nase
38 der Pilz
39 der Brief mit Siegel
40 der Sarg
41 der Handkorb
42 der Schatten
43 morgen
44 der Spiegel
45 nichts
46 der Gänsekiel
47 der Keller
48 die Haupthaare
49 das Rätsel
50 und
51 der Wein
52 Großvater, Vater, Sohn
53 die Nähnadel
54 der Mund
55 der Kamm
56 keine, sie haben Läufe
57 die Pfanne
58 der Stuhl
59 die Dunkelheit
60 der Nebel
61 die Flasche
62 heute
63 allerhand
64 das Geld
65 die Kuh
66 das Geheimnis
67 das Falschgeld
68 Mensch, Hocker, Knochen, Hund
69 der Ofen
70 der Kirchturm
71 Kirchhof, Kirche, Altar
72 Trichter und Flasche
73 die Brezel
74 der Kohl
75 das Löschblatt
76 die Orgel
77 nur die zwei des Müllers, da Katzen Pfoten haben
78 Verstand
79 das Loch
80 die Zeit
81 das Händetrocknen
82 der Kuß
83 die Null
84 Faust
85 die Erde
86 die Rinde
87 der Same
88 das Ei
89 der Weg
90 der Diamant
91 der Schatten
92 der Kreisel
93 das Zündholz
94 der Schuh
95 die Waage
96 der Spiegel
97 der Schatten
98 die Braut
99 der Pfarrer in der Kanzel
100 die Brille
101 das Echo
102 die Landkarte

103 die Schnecke
104 der Eiszapfen
105 die Pfeife
106 W-achtel
107 die Zwiebel
108 der Schatten
109 die Schere
Homonym (siehe auch Seite 114)
110 der Kamm
111 Anlagen
112 ausgehen
113 vollendet
Homoionym (siehe auch Seite 114)
114* Spiegelei, Spiegel-Ei
Logogriph (siehe auch Seite 114)
115 Münch-haus-en
116 Fischer
117* Strumpf, Trumpf, Rumpf
118* Meise, Ameise
119 G-es-icht
120 N-acht-wächter
121 h-eis-s
122* Ob-er-st
123 Kla-vierspiele-r
124 Humpen, pumpen, lumpen
125 Ge-du-ld
126 In-die-n
127 Best-i-e
128 L-acht-aube
Anagrammoid (siehe auch Seite 114)
129* Hamburg
Palindrom (siehe auch Seite 115)
130 Gurt, Trug
131 Rentner
132 Edam, Made
Scharade (siehe auch Seite 115)
133* Wolken-bank
134 Luft-schloß
135 Gras-mücke
136 Selbst-er-kennt-nis
137 Handkuß-Kußhand
138 Schild-bürger
139* Bar-bier
140* Ei-land
141 Haus-rat
142 Ar-mut
Akzenträtsel (siehe auch Seite 116)
143 Pol-Stern, polstern
144 mod**e**rn, mod**e**rn
Buchstabenrätsel (siehe auch Seite 116)
145 derb, Dieb
146* Lage, Liege, Lüge, Loge
147* Rast, Rest, Rist, Rost, rußt
148* Wart, Wert, Wirt, Wort
149 Hast, Rast, Mast, Last, Mast, Gast
Kryptogramm (siehe auch Seite 116)
150 Aus dem Funken wird ein Feuer

151 **Trougemundslied:** 72 war eine poetische Zahl, die alle damals bekannten Sprachen (= Länder) einschloß; Wacholder trägt alle zwei Jahr; die Alten rechneten die Fledermaus zu den Vögeln; die „Stimme“ des Storches ist sein Schnabelklappern, dazu braucht er keine Zunge; der Taucher hat keinen Magen.

152 **Königin von Saba:** 1 Schminkbüchse (damals verwahrte man Schminksteine in Dosen, die – befeuchtet – zum Nachziehen der Brauen dienten) – 2 Naphta (Öl zur Beleuchtung des Hauses) – 3 Flachs

153* **Tawaddud-Rätsel:** Knopf und Knopfloch

Halsrätsel oder Halslösefragen Der Name entstand im Mittelalter und klingt recht ungemütlich. Immer ging es um Leben oder Tod. Stand der arme Sünder vor Gericht oder gar schon auf dem Hochgericht und konnte das erfragte Rätsel lösen, so konnte er auch den Strick von seinem Hals lösen und ging frei aus. Oder er kam mit einem selbstgemachten Rätsel, das keiner der Richter zu lösen vermochte, frei. Ein Gottesurteil? Berücksichtigen wir, daß einstens die Aufklärung von Verbrechen nicht durch versierte Kriminologen und hochentwickelte Techniken erfolgte. So manchem Unschuldigen erschien die Hinrichtung weniger grausam als ein erpreßtes Geständnis durch die Schrecken der Folter. Das Gericht wußte das auch. So schuf man, vielleicht nur im Zweifelsfalle, mit der Rätselfrage ein gnädiges Hintertürlein.
Im Kern des selbstgemachten Halslöserätsels steckt immer die Kenntnis eines einzelnen von einem persönlichen Erlebnis, das niemand kennen kann, der nicht dabei war, also auch nicht erraten kann. Als Trick angelegt und damit ein Scheinrätsel; denn jedes echte Rätsel ist erratbar. Rumpelstilzchen hat Nimbus und Name durch List verloren, und mit der eigenen Preisgabe war er selbst verloren. Wie jeder des Todes war, der das echte Rätsel der Sphinx nicht lösen konnte, gab sie sich den Tod, als Oedipus die Lösung endlich fand.

154 1 Da die Richter das Rätsel nicht lösen konnten, mußte der Verurteilte die Lösung sagen: „Auf dem Galgen sah ich ein Nest mit sieben jungen Raben, die von ihren Eltern mit dem Fleisch eines armen Sünders gespeist wurden, der vor mir hinaufgeführt worden war.“ Der Verurteilte mußte freigelassen werden.
2 Niemand konnte das Rätsel lösen, denn nur die Frau selbst: ihr war der Hund namens Ilo gestorben. Aus seinem Fell hatte sie ein Paar Schuhe machen lassen, die sie nun trug. Ihr Mann kam frei vom Galgen.

Der oder das Rebus lebt vom Bild. Die langsame Entwicklung der Reproduktionstechniken gibt den Grund, warum das Bilderrätsel eine vergleichsweise junge Rätselform ist. Denn jedes Bild wurde einst in mühseliger Arbeit auf Stein gezeichnet (Lithographie um 1800) oder in Holz gestochen (Xylographie um 1830). Erst Mitte des 19. Jahrhunderts, als Schnellpresse (1814) und Autotypie (1837) Allgemeingut geworden waren, konnte man Bilder in Massenauflagen drukken. Von da an ging es sprunghaft aufwärts mit den Rebussen. Jede Zeitschrift oder Zeitung, die auf sich hielt, richtete Rebus-Ecken ein. Sie lösten wahre Löseleidenschaften aus.

Der Name Rebus soll auf Studentenzeitungen zurückgehen, die um 1600 unter dem Titel „De rebus quae geruntur" (etwa: Über Dinge, die geschehen) das Geschehen des Tages verulkten.

Doch die Anfänge des bildgeformten Rätsels reichen zurück in die glanzvollen Tage des mazedonischen Reiches und der römischen Weltherrschaft. Seine erste Blüte erlebte es in Italien, England, Deutschland und vor allem in Frankreich durch die Vieldeutigkeit der Wortklänge, die zu Spielereien verführten. Die Ähnlichkeit der Wörter, anders gesetzt oder betont, verwandelten den Sinn ganzer Sätze. Französische Heraldiker legten in früher Zeit Stammeswappen und sogar Münzen in Rebusform fest. Diese Mode hielt auch in Deutschland Einzug. Die Grafschaft Henneberg zum Beispiel zeigte im Wappen eine Henne auf dem Hügel.

Rebus ist eine Bilderschrift. Alle Wörter werden konsequent mit Bildern, Zeichen und Ziffern in eine „Sprechschrift" umgesetzt, ohne Rücksicht auf Schreibweise und Rechtschreibung. Wer „d" als „de" oder „n" als „en" spricht, muß sie im Rebus auch so ergänzen. Zum Beispiel: 11n Bein wird zu Elf-en-bein; 2g zu Zwei-ge; s in D zu S-ün-de; 2 Sonnen unter gg zu Sonnen-unter-g-an-g.

Es gibt da eine Fülle von Spielarten, die das Lösen vertrackter, den Spaß aber größer machen. Findet man den Oderfluß als Bild, dem der Kopf mit einem / abgetrennt ist, muß man „der" übersetzen; ist aber der Schwanz abgetrennt, so heißt das „Ode". Das gleiche können Apostrophe bewirken, vor- oder nachgesetzt. Man läßt an der Stelle so viele Buchstaben weg, wie Apostrophe stehen. Steht ein Neger auf dem Kopf, liest man „Regen". Verzwickt entschlüsseln sich Präpositionen, wenn sie in ein Wort hinein gehören. „Vor-über" etwa, das gleich zwei Präpositionen enthält und als Wort bildhaft nicht in Erscheinung tritt, sondern nur durch die Stellung des Vorhergehenden und Nachfolgenden ersichtlich wird. Auch Verhältniswörter (am, an, hinter, ober [= über], auf, im, in, nach, neben, unter, um, zwischen), Bindewörter (und, bis), Eigenschaftswörter (klein, groß, stark, dünn) und Zahlwörter (viel, wenig, mehr) brauchen nicht selbst abgebildet zu sein. Sie treten lediglich im Vor-Bild oder Nach-Bild und in deren Stellung zueinander auf. Ein „S" kann bereits „ein Großes" heißen. Findet man als Bild ein Lamm und darüber die Ziffern 3 2 1 A̸, so heißt das, die Buchstaben von LAMM sind verstellt zu MALM̸. Das 2. M fällt fort. „Mal" kann auch mit x angedeutet werden. Allein mit neun „n" läßt sich das Wort „übernachten" darstellen, und zwar: über-n-acht-en, also ein n in eine Zeile, in der Zeile darüber acht n.

Was so kompliziert erscheint, ist es nicht immer. Bis man sich „eingelesen" hat, dauert es freilich etwas; doch dann gehts recht flink mit dem Entschlüsseln der Bildstenogramme, hat man nur etwas Phantasie und Kombinationsgabe.

155 Sparsamkeit macht reiche Leute.

156 Standesunterschiede

157 Kaufsumme

158 Überraschung, Monduntergang

159 Wachtparade

160 Rösselsprung-Rebus: Ein Rätsel (Charade) ist ein Spiel des Verstandes, der sich bemüht, einen Gegenstand so darzustellen, daß er alle Merkmale und Eigenschaften desselben schildert, so widersprechend dieselben an und für sich betrachtet auch sein mögen, ohne jedoch den Gegenstand selbst zu nennen.

24	33	26	37	22	19
27	38	23	20	11	36
32	25	34	15	18	21
39	28	17	10	35	12
8	31	14	3	16	5
29	40	9	6	13	2
	7	30	1	4	

161 Galgenhumor

162 Sundainseln

163 Viele Hunde sind der Hasen Tod.

164 Zug um Zug
165 Betrüge nicht; du hast nicht Rast noch Ruh', wenn du betrogen hast.
166 Assessor
167 Sonnenuntergang
168 Spiegelrebus: Durch die Weisheit Gottes und die Dummheit der Menschen wird die Welt regiert.
169 Durch Nacht zum Licht.
170 Was ich nicht weiß, macht mich nicht heiß.
171 Erstritten ist besser als erbettelt.
172 Rühre die Laute nicht, wenn ringsum die Trommeln erschallen; führen Narren das Wort, schweiget der Weise still.
173 Minnesänger
174 Sauerampfer
175 Karneval
176 Träume sind Schäume.
177 Nur Streben ist Leben.
178 Eilen hilft nicht; zur rechten Zeit fortgehen, das ist die Hauptsache.
179 Prosit Neujahr!
180 Unüberwindliche Hindernisse.
181 Es ist ein großer Unterschied zwischen mir und dir und mein und dein.
182 Scherzrebus: Ein Lohnekutscher (L ohne Kutscher) aß Bohnesalat (B ohne Salat) auf dem Rhonegletscher (Rh ohne Gletscher).
183 Selbst der Löwe muß sich vor der Mücke wehren.
184 Weiberlist beschränket Männermacht.

185 **Königlicher Rätselspaß:** König Friedrich II. von Preußen lud Voltaire zum Abendessen nach Sanssouci ein: „Kommen Sie (venez) zum Souper (sous pe = unter pe) nach (à) Sanssouci (sans sous ci = sans unter ci)." Voltaire antwortete: „Ich habe (G = j'ai-ich habe) großen (G groß geschrieben = grand) Appetit! (a petit = a klein geschrieben)." Die Lösung war nicht zum Übersetzen ins Deutsche gedacht, da der alte Fritz Französisch perfekt beherrschte.

Das Akrostichon kam nicht als Rätselgattung auf die Welt, sondern als poetische Spielerei griechischen Ursprungs. Das Wort bedeutet Versspitze. Aus den ersten Buchstaben, Silben oder Wörtern der Verszeilen, Strophen oder des ganzen Gedichtes ergab sich, aneinandergereiht, ein Wort, Name oder Satz, meistens als Hymnus auf den Empfänger anspielend.
Noch in der Barockzeit war das Akrostichon beliebt (angewandt von Paul Gerhard in seinem Choral „Befiehl du deine Wege"). Doch erst im 19. Jahrhundert kamen die Rätselmacher dahinter, daß sich nach der Regel des Akrostichons sehr reizvoll auch Bilderrätsel auf Rebusart darstellen lassen. In romantische, schwülstig-überladene Landschaften werden in surrealistischer Manier Gegenstände eingebaut, mitunter auch nur Buchstaben, Ziffern oder Bildteile. Zu erraten sind Wörter, Sätze oder Sentenzen, die sich – von links nach rechts gelesen – aus den Anfangsbuchstaben oder Silbenteilen der Darstellungen ergeben. Einen Hinweis, wie aufzuschlüsseln ist, erfährt der Löser nicht. Nur die Szenerie verrät es ihm. Es heißt also: Probieren, überlegen und dabei beachten, daß nicht alle Details des Panoramas für die Lösung vonnöten sind.
186* Von links nach rechts gelesen, ergeben die Anfangsbuchstaben der dargestellten Dinge: Haus, Anker, Margerite, Baum, Uhr, Regenschirm und Gans den Namen der Stadt Hamburg.

Der Rösselsprung Diese Rätselart ist sehr alt. Verständlich, hat sie doch ihren Ursprung im uralten Schachspiel. Auf einem Pergamentcodex aus dem 14. Jahrhundert wurde der Rösselsprung bereits erwähnt. Später haben sich auch Wissenschaftler ernstlich mit seinen Problemen befaßt.
Enträtselt wird in gleicher Weise, wie Rössel oder Springer auf dem Schachbrett ziehen: ein Feld geradeaus und ein Feld schräg vorwärts nach rechts oder links. Die Kunstfertigkeit besteht nun darin, über alle

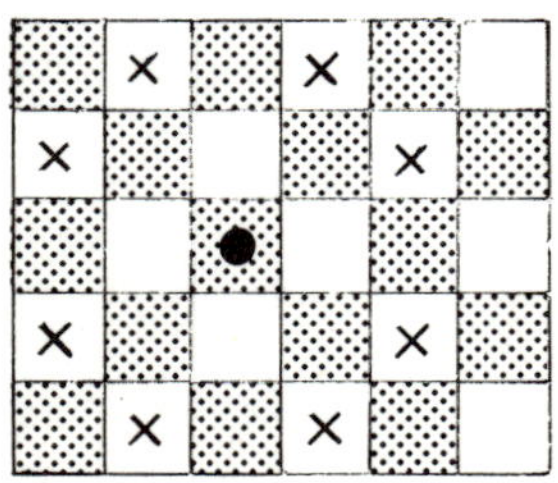

Der in der Mitte aufgestellte Springer (●) kann von seinem Standort aus auf acht verschiedene Felder (×) springen.

64 Felder des Schachbrettes zu wandern, doch kein Feld zweimal zu besetzen. In dieser Weise wird der Rösselsprung auch enträtselt. Die Anfangssilbe wird meist genannt oder markiert, die Fortsetzung muß der Löser selbst finden, indem er in der Gangart des Rössels hier und dort die Silben, Wortteile oder Wörter so aneinanderpaßt, daß sich sinnvoll ein Spruch oder Zitat ergibt.

Statt der üblichen 64 Felder kann die Figur auch nur 60, 56 oder noch weniger Felder enthalten, aber auch sehr viel mehr als 64, je nach Anzahl der Wörter oder Silben des Rätselspruches.

187

Hexeneinmaleins:
Du mußt verstehn!
Aus Eins mach Zehn,
und Zwei laß gehn,
und Drei mach gleich,
so bist du reich.
Verlier die Vier!
Aus Fünf und Sechs,
so sagt die Hex,
mach Sieben und Acht,
so ists vollbracht:
Und Neun ist Eins,
und Zehn ist keins.
Das ist das Hexen-
Einmal-Eins!

188

Kater in der Hexenküche:
Das ist die Welt;
sie steigt und fällt
und rollt beständig;
sie klingt wie Glas,
wie bald bricht das!
Ist hohl inwendig.
Hier glänzt sie sehr,
und hier noch mehr,
ich bin lebendig!
Mein lieber Sohn,
halt dich davon!
Du mußt sterben!
Sie ist von Ton,
es gibt Scherben.

Die Dichterrätsel

werden auch Kunst-, Sinn-, Bild- oder Worträtsel genannt. Rätselgegenstand ist ein bestimmtes Wort. Wörter lassen sich zerlegen in Buchstaben, Silben oder in mehrere Wörter neuer Bedeutung. Darauf zielt das Kunsträtsel ab. Es spielt mit dem Wort und zieht aus dem Wortspiel vergnügliche Überraschungen. In der deutschen Sprache gibt es viele Wörter, die mehrdeutig, doppelsinnig, von vorwärts und rückwärts lesbar sind; sie lassen sich willkürlich oder orthodox teilen und verdoppeln, verschieden betonen; man kann die Buchstaben umstellen, versetzen und durcheinanderschütteln. Ein Spiel ohne Ende.

189* Brentano-Rätsel (siehe Seite 17)
und 190*, 191*, 192*, 193*
194 G. A. Bürger: das Bett
195* E. Buschor: ecken
196* E. Buschor: der Zaun
197* E. Buschor: die Dachrinne
198* E. Buschor: das Auto
199 G. Th. Fechner: Kirchturm
200 Fr. Güll: der Handschuh
201 Fr. Güll: der Nebel
202 Fr. Güll: das Geld
203 J. P. Hebel: der Handschuh
204 J. P. Hebel: die Gänsekielfeder
205 J. P. Hebel: der Bleistift
206 J. P. Hebel: Hebel
207 K. Henrici: nichts
208 H. von Kleist: ja
209 Fr. Rückert: Leumund, purpur, Barbar, Autoren, Kommerz, tausend, Brüderschaft, Oheim, Hellebarden, Armut, Widerhall, sonderbare
210 Fr. Rückert: der Schöpfer
211 Fr. Rückert: der Tauwind
212 O. Sutermeister: der Faden
213 Fr. Wagner-Poltrock: die Kastanie

Turandot-Rätsel von Schiller:

214 Dies zarte Bild, das in dem kleinsten Rahmen
gefaßt, das Unermeßliche uns zeigt,
und der Kristall, in dem dies Bild sich malt,
und der noch Schönres von sich strahlt,
er ist das Aug, in das die Welt sich drückt,
dein Auge ists, wenn es mit Liebe blickt.

215 Diese Brücke, die von Perlen sich erbaut,
sich glänzend hebt und in die Lüfte gründet,
die mit dem Strom erst wird und mit dem Strome schwindet
und über die kein Wandrer noch gezogen,
am Himmel siehst du sie, sie heißt –
der Regenbogen.

216 das Schiff

217 Dies leichte Schiff, das mit Gedankenschnelle
mich durch die Lüfte ruhig trägt,
sich selbst nicht von dem Ort bewegt,
– das Sehrohr ists, das in die Ferne
den Blick beflügelt bis ins Land der Sterne.

218 Tag und Nacht

Turandot-Rätsel von Goethe,
Lösungsvers von Schiller:

219 Der Sohn, der seinen vielen Brüdern
in allen Stücken völlig gleicht
und dennoch nur in ihren Gliedern
wie eingeschoben unterschleicht.
Was gleicht sich wie ein Tag dem Tage?
Es ist der Schalttag, den du meinst.

Die von Schiller in Versform gegebenen Lösungen aller 15 Rätsel blieben nur zum Teil dokumentarisch erhalten, da mit dem Brand des Weimarer Hoftheaters im Jahre 1825 auch die Textbücher der „Turandot“ verloren gegangen sind.

Das Homonym ist eine sehr alte Rätselform. Der Name stammt aus dem Griechischen: homo bedeutet gleich. Es handelt sich um gleiche oder gleichklingende Wörter verschiedener Bedeutung, vergleichbar mit dem beliebten „Teekessel"-Gesellschaftsspiel. Wörter wie Star, Reif, Steuer, Heide, Strauß sind vieldeutig. Auch Gleichklänge wie Lärche-Lerche, Seide-Seite-Saite, Heide-Häute-heute fallen unter diese Rätselart.

220* Brentano-Rätsel und 221*, 222*
223* E. Buschor: die Laute
224* A. Kastil: der Hahn
225* A. Kastil: die Ente
226 Fr. Rückert: die Mast, der Mast
227 Fr. Rückert: die Angel
228 Fr. Rückert: der Star
229 Fr. Rückert: reif
230 C. F. D. Schleiermacher: verschieden
231 C. F. D. Schleiermacher: der, die, das Rechte
232* Brentano-Rätsel und 233*

Das Homoionym wurde von dem Rätselmeister Franz Brentano erfunden. Es ist eine Nebenart des Homonyms, doch sind hier gleichlautende Wörter in neuer Schreibweise gemeint, auch bekannt unter „vereint-getrennt". Beispiele: der Wisch–Derwisch, mit Leid–Mitleid, Vers-Endung–Versendung.

234* Brentano-Rätsel und 235*, 236*
237 C. F. D. Schleiermacher: mein Eid, Meineid

Der Logogriph, benannt nach dem Griechischen logos = Wechsel, Wort, griphos = Netz, Rätsel, führt ein langes Dasein. Logogriph bedeutet Buchstabenrätsel, und zwar werden Buchstaben oder Silben verstellt oder ausgetauscht. Philipp Harsdörffer (1607–1658) nannte diese Rätselart Wortgrifflein oder Letterkehr, was den Kern der Sache exakter trifft. Durch Wegnehmen, Hinzufügen oder Austausch von Buchstaben werden neue Wörter gebildet, die zu erraten sind. Zum Beispiel: Astern-Ostern, Greis-Reis-Eis, Mo-nument, Ge-du-ld, Warte-Werte, Wirte-Worte, Einsicht-Aussicht. Hier ist jeder geistreiche Purzelbaum erlaubt.

238* E. Buschor: L-einwand
239* E. Buschor: Sch-lawine-r
240 W. Hauff: Gipfel, Wipfel, Zipfel
241 K. Henrici: Dr-ei-eck
242* A. Kastil: aufregen, auf Regen
243 Fr. Rückert: Weihe, Weiher
244 Fr. Schaefer: an Ton, Anton
245 C. F. D. Schleiermacher: Ge-du-ld

Das Anagramm ist aus dem Griechischen ana = wieder, entsprechend und gramma = der Buchstabe gebildet worden und war schon im Altertum bekannt. Der griechische Dichter und Dramatiker Lykophron aus Chalkis, 3. Jh. v. Chr., verwendete das Anagramm. Es war beliebt bei den Orientalen und Kabbalisten, aber auch im 16. und 17. Jahrhundert, um durch Umstellen der Buchstaben Pseudonyme (Decknamen) und Buchtitel zu bilden oder Streitschriften zu verfassen, selbst aber im Dunkel der Anonymität zu bleiben. Der Barockdichter Kaspar Stieler (1632–1707) schrieb sich Peilkarastres. Es ist ein Buchstaben-Versetzrätsel. Auch als Umstell- oder Schüttelrätsel bekannt und von Justin Georg Schottel (1612–1676) mit „Letterwechsel" benannt. Hier werden alle vorhandenen Buchstaben eines Wortes verstellt zu neuen Wörtern mit neuem Sinngehalt. Durch Umstellen verwandelt sich Betrug in Geburt und Erbgut. Oder: Domäne-Dämone, Basel-Salbe-Blase, Lampe-Ampel-Palme.
In den heutigen „Visitenkarten-Rätseln" lebt das Anagramm weiter, und zwar muß durch Umstellen der Buchstaben des Namens und Wohnortes am Schluß der Beruf der angegebenen Person gefunden werden.

246 Rätselanekdote: Behalt sie!
Visitenkarten-Rätsel:
247* Generaloberst
248* Garmisch-Partenkirchen
249* Bad Kreuznach
250* Oberrealschule
251* Bogenschießen
252* Stadtmedizinalrat
253* Innenarchitektur
254* Friedrich Schiller

Das Anagrammoid unterscheidet sich vom Anagramm in der Weise, daß das Lösungswort aus Buchstaben von mehreren Wörtern zusammengesetzt wird, die – wie das Anagramm – aus dessen Buchstaben gebildet sind. Ein Kombinationsrätsel und oftmals schwer zu raten. Wie man das Anagrammoid löst: Der Rätselmacher gibt zuerst einige Wörter zu raten auf, dann umschreibt er das zu kombinierende Lösungswort. Der Löser schreibt am besten die Einzellösungen auf, streicht die doppelt auftauchenden Buchstaben weg (Vorsicht, auch das Lösungswort kann Doppelbuchstaben enthalten!) und bildet aus den restlichen Buchstaben ein sinnvolles Wort. Beispiele: Aus Zügel-Elise-Gesell-Zeile-Sieg ergibt sich das Lösungswort: Zugseil. Siehe auch Rätsel 129* Seite 94. Eine andere

Form des Anagrammoids ist die Verdoppelung eines einsilbigen Wortes, das so neuen Sinn erhält. Etwa: Pur-pur, Tam-tam, Bar-bar.

Das Palindrom erhielt seinen Namen aus dem Griechischen: das Zurücklaufende (palin = zurück, dromos = Lauf) und ist eine Rätselform des Altertums, erfunden von dem Griechen Sotades, 3. Jh. v. Chr. Der Witz ist, daß sich das Rätselwort sinnvoll vorwärts und rückwärts lesen, also spiegeln läßt. Beim Spiegelrätsel kann das Wort seinen Sinn beibehalten (so bei Otto. Elle, Renner) oder verändern (wie Neger–Regen, Nebel–Leben). Ein kühner Palindromist, der Philosoph Arthur Schopenhauer (1788–1860), hat neben scharfsinnigen Rätseln auch die Palindrome Reittier, Marktkram, Regallager und Reliefpfeiler erfunden. Gleich Wörtern sind auch ganze Sätze möglich, weniger als Rätsel denn als Spaß am Jux. „Tim Ottolein tut nie Lotto mit." Schon klassisch geworden ist der Satz „Ein Neger mit Gazelle zagt im Regen nie".
Palindrome lassen sich auch auf andere Weise bilden. Wieder war es Franz Brentano, der diese Rätselart ersann: „einwärts und auswärts" oder „von und nach der Mitte". So wird Here zu Ehre oder Heer.
255* Brentano-Rätsel und 256*, 257*, 258*, 259*
260 K. Henrici: Lage, egal

Die Scharade aus dem französischen Charade = Silbenrätsel gebildet und meint, das Ganze aus den Teilen (Silben) oder die Teile aus dem Ganzen (Wort) erraten. Diese Rätselart kam um 1800 auf und war während des Biedermeier als Gesellschaftsspiel sehr in Mode als „Lebendige Bilder". Gustav Freytag (1816–1895) erzählt in seinem 1855 erschienenem Roman „Soll und Haben" (2. Buch, Kapitel 4), wie von jungen Leuten das Wort „Referendarius" aus Reh–Fee–Rennen–Darius dargestellt wird und von der Gesellschaft zu erraten war. Auch der englische Erzähler William Thackeray (1811–1863) führt 1847 in seinem „Jahrmarkt der Eitelkeit" das Scharadenspiel als gesellige Unterhaltung auf.
Der Rätselgegenstand ist ein Wort – aus mehreren Silben oder Silbenpaaren, oftmals von selbständiger Bedeutung, zusammengesetzt. Doch werden sie nicht willkürlich sondern orthodox getrennt und die grammatikalischen Regeln eingehalten. Die Zahl der Teile sind jeweils angegeben mit „das Erste, das Zweite, das Ganze . . .".
261* Brentano-Rätsel und 262*, 263*, 264*

265* E. Buschor: Flaschen-zug
266* E. Buschor: Ar-mut
267 G. Th. Fechner: Flaschen-zug
268 G. Th. Fechner: Dom-pfaff
269 G. Th. Fechner: Heu-pferd
270 G. Th. Fechner: Stiefel-knecht
271 G. Th. Fechner: Edel-stein
272 G. Th. Fechner: Toten-gräber
273 Dr. Mises: Sau-er-kraut
274 F. Grillparzer: Welt-all
275 J. P. Hebel: Schar-ade
276 H. Heine; Roß-kamm
277 K. Henrici: so-gleich
278 K. Henrici: Wer-mut

279* Lampen-fieber
280* Spitz-weg-erich
281* Vor-ur-teil
Diese Rätsel und auch 224*, 225* und 242* stammen von Professor Dr. Alfred Kastil. Er war ein Schüler von Franz Brentano (Seite 17) und ordnete den Nachlaß des philosophischen Werkes seines Lehrers in dessen Haus in Schönbühel. Der Geist seines Mentors muß sich so lebendig im Hause erhalten haben, daß er sich befruchtend auswirkte. Denn vom Schüler sind uns Rätsel überliefert, die dem Rätselmeister imponiert haben müßten, hätte er sie noch gekannt. Im Gegensatz zu ihm gab Kastil die Lösungen gleich bekannt. Die Rätsel sind seinem Buch „Im Hause des Aenigmatias" entnommen, erschienen im Verlag Gerold & Co. Wien.

282 Th. Körner: Galgen-strick
283 Th. Körner: Kalb-fell
284 Th. Körner: Trommel-fell
285 Fr. Rückert: Feige
286 Fr. Schaefer: Eis-bein
287 Fr. Schaefer: Die-der-ich
288 C. F. D. Schleiermacher: Rein-ecke (Fuchs)
289 C. F. D. Schleiermacher: Taschen-dieb
290 C. F. D. Schleiermacher: viel-leicht
291 C. F. D. Schleiermacher: Braut-schatz

Das Scharadoid ist eine Variante der Scharade und stammt ebenfalls von dem erfindungsreichen Franz Brentano. Jedenfalls hat er die schönsten gedichtet. Wie bei der Scharade werden auch beim Scharadoid die Wörter in Teile zerlegt, nur mit dem Unterschied, daß auch gegen die Grammatik und Rechtschreibung

verstoßen werden darf. Zum Beispiel: Ei-dotter Eid-otter, Meth-ode. Die Anzahl der Teile oder Silben sind angegeben.
292* Brentano-Rätsel und 293*, 294*

Ähnlich ist **das Verdoppelungsscharadoid**, mit dem es Franz Brentano zu wahren Meisterschaften brachte. Ein Wort wird ohne Rücksicht auf die Rechtschreibung in Teile zerlegt und diese dann verdoppelt. Sie gewinnen durch die Verdoppelung selbständige Bedeutung, der Zusammenhang mit den anderen Silben geht verloren. Ein Beispiel: Aus Ha-us-be-sen wird hahaususbebel-sensen. Wie bei jedem Rätsel, so gibt es auch hier viele Möglichkeiten, bis man das richtige Wort gefunden hat.
295* Brentano-Rätsel und 296*

Das Akzenträtsel beruht als Rätselart auf der Eigenschaft mancher Wörter, daß sie trotz gleicher Schreibweise verschiedenes bedeuten können, wechselt man die Betonung der Silben. Aus **E**rlangen wird erl**a**ngen, aus Nachtr**a**ben wird n**a**chtraben, je nachdem auf welcher Silbe der Akzent liegt.
297 Fr. Schaefer: P**a**ris, Par**i**s

Das Buchstabenrätsel fragt nicht nach Silben oder Wörtern, sondern nach Buchstaben. Ein Beispiel: „Der Himmel hat's, die Erde nicht; die Mädel haben's, die Weiber nicht; Gott hat es nicht, der Teufel hat's; der Michel zuletzt, zuerst der Latz." Die Bildhaftigkeit der genannten Personen verführt dazu, nach einer Sache zu suchen. Die Lösung heißt aber schlicht: der Buchstabe L. Das Buchstabenrätsel hat sich aus dem Volksrätsel entwickelt. Seine schlichte, direkte Art beweist es.
298* Brentano-Rätsel und 299*
300 Th. Körner: Welle, Wille, Wolle
301 Fr. Rückert: Hahn, Huhn

Das Füllrätsel Franz Brentano hat es im Volk aufgefischt und in poetischer Form wieder unter die Leute gebracht. In seinem Rätselbuch „Aenigmatias" (5. Auflage des A. Francke AG Verlages in Bern) erzählt er, wie ihm in seiner Rhein-Main-Heimat eine Gewohnheit unter dem Volk auffiel, die offensichtlich zur beliebten Unterhaltung gehörte. Der eine erzählte eine unvollendete Geschichte, der andere mußte sie „durch eine Anzahl zwei oder mehrmals in derselben Ordnung wiederkehrender Silben zu Ende führen. Die sich wiederholenden Worte sollen wesentlich verschieden, dem Laute nach einander gleich sein." Später hat Brentano die Schling-Füllrätsel hinzuerfunden, in denen ein abgebrochener Satz durch einen Schüttelreim ergänzt werden muß. Die Lösungen hat Brentano – im Gegensatz zu allen seinen übrigen Rätseln – stets genannt.
302* Brentano-Rätsel: ... mein Eid – Meineid
303* Brentano-Rätsel: ... Inder hast verschrieben – in der Hast verschrieben.
304* Brentano-Rätsel: ... Ein banges Leben – ein langes Beben.

Das Kryptogramm stammt aus dem Griechischen. Die Vorsilbe „krypto" (= geheim, verborgen) deutet an, daß der Text etwas Verborgenes enthält, was zu erraten ist. Es können besonders bezeichnete oder verabredete Buchstaben oder Wörter sein, die – in einfacher oder bestimmter Reihenfolge zusammenhängend gelesen – einen Sinn ergeben. (Siehe Volksrätsel 150 Seite 102.)

Die modernen Rätsel

haben sich aus dem Zwang entwickelt, Neues bieten zu müssen – und das in Menge. Die fast schon obligatorisch gewordenen Rätsel-Ecken wollen gefüllt sein. Doch vieles, was da neu serviert wird, gibt sich nur neu; es sind aufgewärmte Ableitungen von Rätselspielarten des späten 19. Jahrhunderts. In dieser Zeit gründeten sich Zeitungen und Zeitschriften in Menge; und was eignet sich vortrefflicher zur Unterhaltung der Leser als Rätsel-Ecken!
Das erklärt auch die immer neuen Varianten des modernen Rätsels bis in unsere Tage – denken Sie bloß an das Kreuzworträtsel. So vielfältig sich die modernen Zeitvertreiber auch geben, im Grunde entfernen sie sich immer weiter von der ursprünglichen Wesensart des Rätsels. Lautete einst die Rätselfrage: „Wer ist das Ding, das läuft und überläuft, im Bette liegt und nicht ersäuft?", so ist heute ein „Gewässer mit fünf Buchstaben" zu erraten. Das so hübsch umschriebene Ding von damals entzaubert jede lexikale Rätselhilfe im Handumdrehen als FLUSS.
Wo im Rätselteil keine eigene Löseanleitung angegeben, handelt es sich um Rätsel der allgemein gebräuchlichen Rateweise. Gefragt wird nach Wörtern, Namen, Begriffen der genannten Bedeutung.

Der Arithmogriph ist ein Zahlen- oder Chiffrerätsel. Anstelle der Buchstaben werden Zahlen eingesetzt. Der Arithmogriph erhielt seinen Namen aus dem Griechischen, doch ist nicht überliefert, ob in der Antike diese Rätselart auch gepflogen wurde. Bei diesem teils Kombinations-, teils Buchstabenrätsel kommt es darauf an, die durch Zahlen oder Symbole ersetzten Buchstaben aufzuschlüsseln. Jede Ziffer oder Symbol steht für einen bestimmten Buchstaben. Wiederholt sich dieser Buchstabe, wiederholt sich gleichfalls Ziffer oder Symbol. Aufgeschlüsselt ergeben die Ziffern ein Kennwort, das zu finden war.

305* Uraltschrift-Rätsel: 1 Sumerer, 2 Ampulle, 3 Looping, 4 Ontario, 5 Matisse, 6 Entente – Salome.

306* Zahlenrätsel: 1 Kamerad, 2 Epistel, 3 Potsdam, 4 Lektion, 5 Ellipse, 6 Rosinen – Kepler.

307* Rechenrätsel I:

5022 : 81 = 62	5022 : 93 = 54
93 — 10 = 83	81 + 10 = 91
54 + 91 = 145	62 + 83 = 145

308* Rechenrätsel II:

308 + 58 = 366	308 : 11 = 28
11 + 43 = 54	58 — 43 = 15
28 × 15 = 420	366 + 54 = 420

309* Kreisarithmogriph I: I Baisse – II Rechen – III Ananas – IV Usance – V Neisse – VI Seich – VII Chaise – VIII Hegau – IX Wucher – X Erguss – XI Ischia – XII Garcia = Braunschweig

310* Kreisarithmogriph II: I Kessel – II Aludur – III Ursula – IV Dassel – V Elsa – VI Rasse – VII Wecker – VIII Erlau – IX Lucca – X Sachsa – XI Carrera – XII Harke = Kauderwelsch

Wortleiter oder Kaskade: Beim Logogriph werden im Rätselwort einzelne Buchstaben ohne Zwischenstufe ausgewechselt. Es entstehen neue Wörter mit neuem Sinn (Astern in Ostern). Bei der Wortleiter werden alle Buchstaben über mehrere Zwischenstufen gegen andere umgetauscht. In jeder Zwischenstufe fällt ein Buchstabe des Ausgangswortes weg, ein neuer kommt hinzu. Und so fort, bis das vorgegebene Schlußwort erzielt ist (Beispiel: **GOLD**-GE**L**D-**H**ELD-HEL**L**-**HEIL**). Die Anzahl der Zwischenstufen richtet sich nach der Anzahl der Buchstaben im Ausgangswort. Hier waren es drei, die vierte ergibt sich durch das genannte Lösungswort „HEIL". Das ist die einfache Kaskade.

Eine andere Art, dem Anagramm ähnlich, heißt Schüttelkaskade. Vom Ausgangswort wird von Zwischenstufe zu Zwischenstufe ein Buchstabe weggenommen, ein neuer kommt hinzu – genau wie bei der einfachen Kaskade. Doch hier werden die Buchstaben geschüttelt, bis ein neues, sinnvolles Wort entsteht (Beispiel: **BART**-RAB**E**-BRE**I**-BEI**N**-NEI**D**). So von Zeile zu Zeile, bis das genannte Schlußwort erreicht ist. Im Schlußwort sind alle Buchstaben des Ausgangswortes umgetauscht.

311* Einfache Kaskade: Ostergeschichte

HASE	KOHL	WALD	HANS	NEST
HOSE	WOHL	WALL	HASS	NESS
HOHE	WAHL	HALL	NASS	NASS
HOHL	WALL	HALS	NESS	HASS
KOHL	WALD	HANS	NEST	HAUS

312* Schüttelkaskade: Die Wunder des Jens

JENS	KIND	GELB	MIST	ERDE
JENA	FINK	ALGE	STIL	TEER
LENA	FUNK	OLGA	TILO	RUTE
LAGE	KAUF	SAGO	IDOL	TURF
OLGA	FRAU	ROSA	GOLD	LUFT

FLOH	LIMO	EINS	OLGA
LOHE	KILO	HEIN	JOGA
HELA	KIEL	HAIN	SOJA
RAHE	KIES	NAHT	JOSE
BAER	SEKT	ACHT	JENS

313* Schüttelkaskade: Märchenhaft

BUBE	HAND	BROT	ELBE	MOND
BUDE	SAND	ROBE	BLEI	OMEN
MUED	SUND	NERO	LEIM	NOTE
MADE	NUSS	REIN	LIMA	TWEN
MAID	FUSS	WEIN	MAIN	WELT

BAUM	MAUS	KIES
MAUS	RAUM	SIEG
SAME	DRAU	IGEL
SAFE	RAND	GELD
FELS	RIND	GOLD

314 **Dürers Magisches Quadrat:** Bezeichnen Sie die 16 Felder querlaufend mit a bis q. Folgende Verbindungen ergeben immer die Summe 34.

16	3	2	13
5	10	11	8
9	6	7	12
4	15	14	1

a	b	c	d
e	f	g	h
i	k	l	m
n	o	p	q

1	abcd	13	abef	25	eflm	37	efno	49	bhip
2	efgh	14	cdgh	26	ghik	38	ghpq	50	cemo
3	iklm	15	ikno	27	bemp	39	bmep	51	eocm
4	nopq	16	lmpq	28	chio	40	ciho	52	bihp
5	aein	17	abpq	29	ehim	41	aocq	53	afbe
6	bfko	18	cdno	30	bocp	42	bndp	54	chdg
7	cglp	19	aemq	31	aecg	43	ahiq	55	iokn
8	dhmg	20	dhin	32	bfdh	44	demn	56	lqmp
9	aflq	21	bcop	33	inlp	45	bgkp	57	akqg
10	dgkn	22	eihm	34	komq	46	cflo	58	dlnf
11	adnq	23	bflp	35	abik	47	fihl	59	biph
12	fgkl	24	cgko	36	cdlm	48	ekgm	60	cmoe

Magische Figuren:

315* Diamant I: 1 Regal – 2 General – 3 Georg – 4 Karrier – 5 Lager

316* Diamant II: 1 legal – 2 Senegal – 3 Geber – 4 Tagetes – 5 Laren

317* 16er Quadrat: 1 Eros – 2 Rast – 3 Oslo – 4 Stop

318* 25er Quadrat: 1 Hegel – 2 Eboli – 3 Golem – 4 Eleve – 5 Limes

319* 36er Quadrat: 1 Libido – 2 Ikaros – 3 Bauort – 4 Ironie – 5 Dorier – 6 Ostern

320* Gitter I: 1 Ahrweiler – 2 Zwetschge – 3 Tischbein – 4 Bergriese

321* Gitter II: 1 Feuerwehr – 2 Lebertran – 3 Zwitscher – 4 Theagenes

322* Doppelgitter: 1 Nerzstola – 2 Remscheid – 3 Sichtspur – 4 Oberprima – 5 Andermatt
a Ehe – b Lei – c Ben – d Schur – e Husar – f Met

323* Silbenrätsel: 1 Taube – 2 Antenne – 3 Tamburin – 4 Eulenspiegel – 5 Nevada – 6 Legat – 7 Eichamt – 8 Hechtsprung – 9 Riemenschneider – 10 Eisenbart – 11 Nichte – 12 Diner – 13 Einhörner – 14 Negus – 15 Monet – 16 Espresso – 17 Neuenburg – 18 Sardine – 19 Clochard – 20 Hoffnung: Taten lehren den Menschen und Taten trösten ihn.

324* Lustiges Silbenrätsel: 1 Latschenkiefer – 2 Muskelkater – 3 Spitzbaertiger – 4 Stabreim – 5 Immenstadt – 6 Egghead – 7 Eselsbrücke – 8 Osterhase – 9 Stehgeiger – 10 Silberblick – 11 Liebstöckl – 12 Aberwitz – 13 Eiertanz – 14 Ungewitter – 15 Restposten – 16 Kanonenrohr – 17 Eisenbart – 18 Straßenanzug – 19 Saufaus – 20 Hellebarden – 21 Leuchtkäfer = lustiges Silbenrätsel

325* Jux-Silbenrätsel: 1 Wellensittich – 2 Eisstadion – 3 Interesse – 4 Nerzcape – 5 Kahlschlag – 6 Arrest – 7 Radioaktivität – 8 Tonfall – 9 Erfinder = Weinkarte

326* Kreuzworträtsel:

G	I	O	R	G	I	O	N	E	■	E	I	B	E
R	O	M	E	O	■	S	U	M	P	F	G	A	S
A	N	N	A	L	E	N	■	S	A	F	E	S	■
P	■	I	L	I	■	I	R	■	S	E	L	E	N
H	U	B	■	A	N	N	O	■	S	K	■	B	■
O	■	U	■	T	I	G	E	R	■	T	R	A	B
L	A	S	C	H	E	■	N	■	M	E	I	L	E
O	B	■	H	■	T	E	T	U	A	N	■	L	I
G	E	R	A	D	E	■	G	N	U	■	P	■	G
I	S	E	R	E	■	T	E	I	L	■	F	E	E
E	S	E	L	■	A	H	N	■	W	A	L	■	■
■	I	D	E	A	L	E	■	A	U	L	A	■	G
U	N	E	S	C	O	■	H	A	R	P	U	N	E
H	I	R	T	■	E	■	U	S	F	■	M	A	N
L	E	■	O	H	■	■	M	■	■	S	E	N	F
A	N	A	N	A	S	■	M	A	R	K	■	S	■
N	■	B	■	B	U	D	E	■	E	I	G	E	R
D	R	O	M	E	D	A	R	■	V	■	A	N	■
■	O	N	E	■	A	R	■	L	U	E	G	■	B
J	U	N	I	■	N	E	W	J	E	R	S	E	Y
A	G	E	N	T	■	S	O	■	N	L	■	I	R
S	E	M	■	A	I	S	■	B	■	E	B	R	O
T	■	E	S	T	R	A	G	O	N	■	R	E	N
I	N	N	■	Z	E	L	L	E	R	■	E	■	■
M	A	T	T	E	■	A	A	■	■	U	N	N	A
M	R	■	O	■	A	M	S	E	L	■	N	A	H
E	B	E	R	■	I	■	U	L	A	N	E	N	■
N	E	S	T	O	R	■	R	■	A	A	R	A	U

327* Silbenkreuzworträtsel: Waagrecht: 1 Reseda – 3 Argentinien – 6 Wapiti – 8 Mérimée – 10 Teheran – 12 Tara – 14 Modena – 16 Anna – 17 Kegeln – 18 Reni – 19 Tribut – 20 Scala – 21 Jute – 23 Kalium – 26 Gera – 28 Legende – 30 Zeppelin – 32 Terrasse – 34 Gasse – 36 Vater 37 Debatte – 40 Lemure – 42 Eutin – 43 Lawine 45 Senegal – 47 Riege – 49 Remisen – 51 Gallerte – 53 Pagode – 54 Teleobjektiv – 55 Norwegen. — Senkrecht: 1 Regatta – 2 Dame – 3 Armee – 4 Tirade – 5 Ente – 6 Waran – 7 Tirana – 9 Rigel – 11 Hefe – 13 Rakete – 14 Monika – 15 Natrium – 16 Anlage – 21 Jupiter – 22 Bogen – 24 Lima – 25 Rampe – 27 Rabatte – 28 Lese – 29 Degas – 30 Zepter – 31 Linde – 33 Rasputin – 35 Selene – 36 Varese – 38 Batterie – 39 Salami – 41 Sankt Galler – 42 Europa – 44 Wisente – 46 negativ – 48 gediegen – 49 Rede – 50 Hiob – 52 Tenor.

328* Italienisches Kreuzworträtsel:

	1	2	3	4	5	6	7	8	9	10	11	12	13	14	15	16	17	18	19	20	21
1	P	A	N	A	M	A	■	G	I	G	■	P	A	U	■	A	S	B	E	S	T
2	A	B	E	R	■	U	R	I	■	R	U	R	■	H	A	I	■	I	N	K	A
3	R	O	M	■	N	■	I	N	G	E	N	I	E	U	R	■	G	■	G	I	S
4	I	■	E	L	O	G	E	■	■	I	■	M	■	■	T	I	R	O	L	■	S
5	S	O	S	■	V	I	S	A	■	S	P	A	■	Z	U	L	U	■	A	S	E
6	■	P	I	S	A	■	A	K	T	■	A	■	E	I	S	■	S	E	N	I	■
7	T	E	S	T	■	J	■	K	O	M	P	O	S	T	■	C	■	I	D	E	N
8	I	R	■	E	R	A	T	O	■	A	A	R	■	T	U	R	I	N	■	G	O
9	B	A	K	U	■	K	O	R	A	N	■	N	I	E	T	E	■	H	E	F	T
10	E	T	■	B	L	O	N	D	■	I	S	S	■	R	A	D	I	O	■	R	E
11	R	E	B	E	■	B	■	E	L	E	K	T	R	A	■	O	■	R	E	I	N
12	■	U	R	N	E	■	P	O	E	■	A	■	M	A	N	■	E	N	T	E	■
13	I	R	E	■	D	E	I	N	■	E	T	A	■	L	E	E	R	■	I	D	A
14	R	■	N	A	D	I	R	■	■	L	■	M	■	■	H	I	L	E	E	■	N
15	E	R	N	■	A	■	A	L	L	I	G	A	T	O	R	■	E	■	N	O	T
16	N	E	E	R	■	I	T	O	■	T	A	T	■	H	U	T	■	A	N	N	O
17	E	N	R	I	C	O	■	T	E	E	■	I	H	R	■	S	P	L	E	E	N

329* Modernes Riesen-Kreuzworträtsel:

■	P	■	■	Z	■	S	■	S	■	W	■	■	■	U	■	■	L	■	E	■	P	K	■	■	■	R	E	■	■	E	■	■	■
N	O	R	D	I	S	C	H	E	K	O	M	B	I	N	A	T	I	O	N	■	S	A	L	Z	K	A	M	M	E	R	G	U	T
■	L	E	I	N	E	■	A	R	A	L	I	E	N	■	D	■	E	D	E	N	■	N	I	E	N	B	U	R	G	■	A	T	E
■	A	G	E	N	T	■	L	I	E	G	E	N	■	H	E	R	B	■	R	E	I	S	■	I	A	■	■	■	G	O	G	O	L
K	R	I	S	■	T	O	L	E	R	A	N	Z	■	A	L	O	E	■	G	O	K	A	R	T	R	E	N	N	E	N	■	P	L
■	R	E	E	D	E	■	E	■	N	■	E	I	N	S	■	S	■	D	I	N	O	S	A	U	R	I	E	R	■	K	A	I	■
P	O	■	L	U	R	E	■	E	T	A	■	N	U	T	■	T	A	U	E	■	N	■	I	N	E	R	T	■	H	E	S	S	E
G	U	A	M	■	■	S	A	B	E	N	A	■	■	■	■	■	L	E	■	■	E	S	■	G	■	E	T	Z	E	L	■	T	U
■	T	H	O	M	A	S	■	E	N	D	I	V	I	E	N	S	A	L	A	T	■	E	T	■	G	■	O	H	R	■	■	■	E
Z	E	■	T	■	L	E	I	N	■	■	S	■	L	U	■	A	■	L	U	V	S	E	I	T	E	■	■	■	B	I	B	E	R
■	■	P	O	L	I	N	■	E	V	A	N	G	E	L	I	U	M	■	■	■	O	■	E	H	R	E	N	■	S	■	L	R	■
T	I	A	R	A	■	■	A	■	A	D	E	■	■	E	M	M	E	N	T	A	L	E	R	■	A	R	M	S	T	R	O	N	G
■	N	■	■	R	I	E	S	A	■	M	■	S	I	R	■	■	R	■	R	H	■	H	■	O	■	O	■	C	■	H	I	E	B
P	H	O	N	■	N	I	S	■	A	I	N	U	S	■	S	I	C	H	E	R	H	E	I	T	S	S	C	H	L	O	S	S	■
■	A	H	A	U	S	■	A	L	L	R	A	D	A	N	T	R	I	E	B	■	E	R	S	T	■	■	H	A	I	N	■	T	O
■	L	I	R	A	■	O	L	E	■	A	S	■	R	E	U	E	■	U	E	B	E	N	■	E	H	■	E	L	F	E	R	■	L
■	T	O	R	■	G	R	A	U	■	L	E	K	■	U	R	N	E	■	R	A	R	■	G	R	I	F	F	■	T	■	E	L	M

330* Schweizer Kreuzworträtsel I:

S	P	U	R	T	■	■	F	O	K	U	S
T	O	R	E	A	D	O	R	K	A	T	E
A	L	A	I	R	E	D	O	U	T	E	N
D	E	L	T	A	B	O	N	L	A	M	A
E	I	D	E	T	A	A	R	A	R	A	T
■	D	O	N	A	K	K	U	R	A	T	■
■	E	N	T	R	E	E	B	A	K	E	■
A	R	A	A	A	L	R	E	U	T	E	R
N	A	R	R	N	O	B	L	E	S	S	E
O	K	A	I	T	H	A	S	T	O	U	I
D	U	R	F	E	R	N	P	A	S	S	C
E	T	T	A	L	■	■	A	L	L	A	H

331* Schweizer Kreuzworträtsel II:

P	A	R	I	A	■	■	B	A	S	A	R
A	P	E	R	D	U	K	I	R	C	H	E
D	O	Y	L	E	H	A	S	E	H	A	I
U	L	K	A	S	U	N	C	I	O	N	C
A	D	J	U	N	K	T	A	S	N	A	H
■	A	A	S	P	R	A	Y	D	E	M	■
■	O	V	A	L	E	S	A	U	N	U	■
S	P	I	R	A	L	E	A	E	H	R	E
P	A	K	T	N	O	R	M	L	A	I	B
I	N	B	O	A	G	U	R	L	U	R	E
O	K	A	I	L	E	R	U	T	E	U	N
N	E	U	S	S	■	■	M	A	R	N	E

332* Modernes Kreuzworträtsel:

■	P	■	■	■	U	■	H	■	■	■	E	■	■	■
P	A	S	S	A	T	■	A	■	A	B	L	A	G	E
■	L	I	E	G	E	N	S	C	H	A	F	T	E	N
■	M	E	E	R	■	A	A	R	A	U	■	O	R	T
G	E	N	■	A	M	U	R	■	■	W	■	M	■	E
■	■	A	L	M	■	E	D	A	M	E	R	■	S	■
■	T	■	O	■	E	N	■	R	A	R	■	B	A	I
H	A	E	H	E	R	■	B	I	R	K	H	U	H	N
■	S	I	E	B	D	R	U	C	K	■	■	B	A	D
■	C	■	N	E	E	R	■	A	E	T	H	E	R	■
E	H	■	G	R	■	■	U	■	■	■	A	R	A	D
W	E	H	R	■	E	S	T	R	I	C	H	■	■	O
■	N	A	I	V	I	T	A	E	T	■	N	E	O	N
■	B	U	N	A	■	R	■	I	H	R	■	U	U	■
H	U	S	■	G	■	I	A	H	■	N	O	T	I	Z
■	C	E	R	■	A	C	K	E	R	■	R	I	■	O
O	H	N	M	A	C	H	T	■	G	R	A	N	N	E

333* Code-Kreuzworträtsel:

■	K	A	B	A	R	E	T	T	■
A	■	C	A	R	U	S	O	■	F
R	O	H	R	■	M	E	T	E	R
A	M	T	■	M	■	L	E	S	E
B	A	■	K	E	L	I	M	■	I
E	■	N	O	T	E	N	■	R	B
L	E	E	R	■	U	■	S	O	U
L	A	U	R	A	■	W	E	H	R
A	■	M	A	L	V	E	N	■	G
■	S	E	L	L	E	R	I	E	■

Ausfüllrätsel

334* Getrennt-vereint: 1 Ur-Bar, urbar – 2 Bau-er, Bauer – 3 UN-Rat, Unrat – 4 Kar-in, Karin – 5 an-Mut, Anmut – 6 Sol-Ei, Solei

335* Rätseluhr I: Restauration

336* Rätseluhr II: Seidenreiher

337* Kammrätsel Alles fließt: 1 Ache – 2 Lahn – 3 Naab – 4 Isar – 5 Cham – 6 Elbe – 7 Oder – 8 Eder – 9 Nahe = Atlantischer Ozean

338* Kammrätsel Städtekamm: 1 Berlin – 2 Rheydt – 3 Honnef – 4 Erfurt – 5 Gronau – 6 Dessau – 7 Neuulm = Berchtesgaden

339* Leiterrätsel: 1 Eichhörnchen – 2 Paradiesvogel – 3 Ischia – 4 Helena – 5 Orsini – 6 Ramses – 7 Colico – 8 Emilie

340* Mit Kern: 1 B-erbe-r – 2 A-nana-s – 3 l-ecke-r – 4 K-eile-r – 5 A-ache-n – 6 n-imme-r = Balkan

341* Verstellrätsel: Prosit! 1 Eichel-Leiche – 2 Angela -Anlage – 3 Gesang-Ganges – 4 Sterne-Ernest – 5 Natter-Ratten – 6 urderb-Bruder – 7 Salbei-Isabel – 8 Sirene-Eisner – 9 Porter-Report = Lagerbier.

342* Ratschlag: 1 Wolke – 2 Ozean – 3 Naxos – 4 Irene – 5 Crawl – 6 Hanoi – 7 Thing – 8 Wrack – 9 Isere – 10 Saudi – 11 Sprit – 12 Idiot – 13 Steak – 14 Trakl – 15 Eylau – 16 Swing – 17 Trotz – 18 Oppau – 19 Reims – 20 Halde – 21 Eboli – 22 Ibsen = Wo Nichtwissen Seligkeit, ist es Torheit klug zu sein.

343* USA-Staaten: von oben nach unten: Montana – New York – Florida – Arizona – Georgia – Indiana – Alabama = Arizona

344* Rundherum: 1 Kuer – 2 Eltz – 3 Zehe – 4 Radi – 5 Eros – 6 Tabu – 7 Dhaw – 8 eins – 9 Same – 10 Witz = Kuerze ist des Witzes Wuerze.

345* Sinnspruch: 1 Aztek – 2 Zenit – 3 Pille – 4 Stute – 5 Weihe – 6 Tiger – 7 Iltis – 8 Stall – 9 Stutz = Zeit eilt, teilt, heilt.

346* Mit sportlichem Einschlag: 1 Doping – 2 Ironie – 3 Saarow – 4 Karate - 5 Ulrich – 6 Sailer – 7 galant – 8 Europa – 9 Wigman – 10 Euklid – 11 Hexose – 12 Reform – 13 Turnus – 14 Aglaia – 15 Nibbit – 16 Defekt – 17 Equipe – 18 Mittel = a Diskus – b Gewehr – c Tandem – d Sattel.

347* Einfache Pyramide: 1 A – 2 AS – 3 SAU – 4 ESAU – 5 SAUER – 6 SAUBER – 7 REISBAU – 8 BAUMREIS – 9 BAUMRIESE – 10 BAUMEISTER – 11 BRAUMEISTER

348* Riesenpyramide: 1 A – 2 AR – 3 BAR – 4 RAUB – 5 BRAUE – 6 BRAUER – 7 ERBAUER – 8 BRAUEREI – 9 REISBAUER – 10 SAUTREIBER – 11 RAEUBERSITZ – 17 URANBESITZER – 13 BIERUNTERSATZ – 14 BERATERSITZUNG – 15 ZUBEREITUNGSART – 16 ARBEITSUNTERZEUG – 17 UEBERTRAGUNGSZEIT – 18 GRATISUEBERSETZUNG – 19 GUTSARBEITERZEUGNIS

349* Doppelpyramide: 1 A – 2 AR – 3 ARM – 4 KRAM – 5 MARKE – 6 KAMERA – 7 AMERIKA – 8 MARIKA – 9 KARIM – 10 MARK – 11 KAR – 12 KR – 13 K

350* Diabolo: 1 ALLIGATOR – 2 ALLOTRIA – 3 ROTLILA – 4 LOLITA – 5 ATOLL – 6 LOLA

7 ALL – 8 AL – A – 9 AU – 10 TAU – 11 TABU – 12 BRAUT – 13 TRAUBE – 14 BERAUBT – 15 BUBENART – 16 RABENBRUT

351* Doppel-Diabolo I: A – AK – AKT – AKTE – AKTIE – AKTEUR – AKTUELL II: A – AL – ALE – ALEX – ALERT – ALEPPO – ALEUTEN III: A – AB – ABT – ABBÉ – ABTEI – ABTEIL – ABTRITT IV: A – AD – ADE – ADER – ADELE – ADEBAR – ADELUNG

352* Von hinten wie von vorn: 1 Elle – 2 Renner – 3 Otto – 4 Ebbe – 5 Retter – 6 Egge – 7 Neffen – 8 Anna – 9 Esse – 10 necken – 11 nennen – 12 Reittier – 13 Regallager

353* Zwei Maler: 1 Roland – 2 retour – 3 Paneel – 4 Parole – 5 Reisig – 6 Reiher = Renoir, Duerer

354* Wabenrätsel: 1 Europa – 2 Iberer – 3 rapide – 4 Boskop – 5 Posten – 6 Erlass – 7 Diesel – 8 Oktave – 9 Etuede – 10 Sarkau – 11 Esther – 12 Vagant – 13 Denner – 14 Aktien – 15 Ehegut – 16 Najade – 17 Engels – 18 eitrig – 19 Ugarit – 20 Dakota – 21 Ledige – 22 Irland – 23 irreal – 24 Tonsur

355* Im Dreieck I:

1	R	2	Werkdirektor
3	RO	4	Totalisator
5	rot	6	Ventilator
7	Rott	8	Alligator
9	Rotte	10	Diktator
11	Rotary	12	Senator
13	Rotwild	14	Mentor
15	Rotfeder	16	Rotor
17	Rotterdam	18	Dior
19	Rothschild	20	Tor
21	Rotkehlchen	22	or
23	Roteturmpass	24	R
25	Rotangpalme	26	or
27	Rottweiler	28	Tor
29	Rotwelsch	30	Stor
31	Rotkraut	32	Autor
33	Rotunde	34	Doktor
35	Rotrou	36	Monitor
37	Rotta	38	Elevator
39	Rota	40	Usurpator
41	ROT	42	Examinator
43	RT	44	Katalysator
45	r	46	Thomaskantor

356* Im Dreieck II:

1	N	2	Konspiration
3	No	4	Inspiration
5	Not	6	Revolution
7	Note	8	Sensation
9	Notiz	10	Illusion
11	Notker	12	Stadion
13	Notabel	14	Nation
15	Notabene	16	Glion
17	NotreDame	18	Zion
19	Nottingham	20	Ion
21	Notenumlauf	22	on
23	Notifikation	24	N
25	Nothosaurus	26	on
27	Notpfennig	28	Ion
29	notorisch	28	Dion
31	Notburga	32	Ilion
33	Notwehr	34	Ration
35	Notruf	36	Mission
37	Notar	38	Kreation
39	Nota	40	Inflation
41	Not	42	Absolution
43	NO	44	Irradiation
45	n	46	Indiskretion

357* Diagonale: 1 U-Bahnsteig – 2 UN-Gewitter – 3 Alt-Kanzler – 4 Lese-Zirkel – 5 Biber-Ratte – 6 Tarent-Erin – 7 Jamaika-Rum – 8 Albatros-Ei – 9 Lichtmess-E – 10 Salzsaeure = Untertasse

358* Rätselspinne: 1 Rappe – 2 Udine – 3 Neige – 4 Dogge – 5 Ursee – 6 Melde – 7 Droge – 8 Isere – 9 Eleve – 10 Urate – 11 Hacke – 12 Raabe = Rund um die Uhr.

359* Gebäck gesucht: 1 Bon-bonS – 3 Sehr-ohR – 5 Art-eriE – 7 Herz-loS – 9 Sen-egaL – 11 Beil-eid = Brezel

360* Ein rundes Dutzend Leute: 1 Einfältiger – 2 Zweifelnder – 3 Dreikäsehoch – 4 Vierschrötiger – 5 Fünfziger – 6 Sexbombe – 7 Siebengescheiter – 8 Achtgroschenjunge – 9 Neumalkluger – 10 Zehnpfennigfuchser – 11 Elfmeterschreck – 12 Dutzendmensch

361* Rätselschnecke: 1 Pyromanie – 2 Laurin – 3 Ebenholz – 4 Paganini – 5 Schute – 6 Abdankung – 7 Altona – 8 Neurose – 9 Oelkuchen – 10 Solist – 11 Durrha – 12 Tinged – 13 Niederholz – 14 Engelbert – 15 Gedinge = Bist du alt, so gehorche deinen Kindern.

362* Drei in einem: 1 Miseno-Isen – 2 Oeland-Elan – 3 Necker-Ecke – 4 Adalia-Dali – 5 Leinen-eine – 6 Ibibio-Bibi – 7 Sirene-Iren – 8 Amaryl-Mary = Mona Lisa, Leonardo

363* Labyrinth: 1 Wehrmacht – 2 Rollstuhl – 3 MdB – 4 Ideal – 5 Schein – 6 Spurt – 7 Sieg – 8 Einer – 9 Nickelin – 10 Thiedemann – 11 Ruediger – 12 Sari – 13 Wuermsee – 14 Herd – 15 rot – 16 Brotherr – 17 Wurm – 18 Ichor – 19 Sau – 20 Abend – 21 Efta – 22 Agent – 23 Truman – 24 Niete – 25 Einsitzer – 26 tugendsam – 27 echt – 28 Umschau – 29 Inserat – 30 Germanen = Wer mich einmal betrügt, ist ein Nichtswürdiger; aber der mich öfters betrügt, ist ein tüchtiger Mensch.

364* Im Zickzackkurs: 1 Elster – 2 Tirana – 3 Bassin – 4 Albula – 5 Jargon – 6 Oberon – 7 Samuel – 8 Kienzl – 9 Auster – 10 Iberer

365* Schütteltage: 1Bromid-morbid – 2 Schiri-irisch – 3 Schute-Tusche – 4 Porten-Tropen – 5 Seewis-Weisse – 6 Birost-Obrist – 7 Seneca-Cesena – 8 Raheng-Hanger = Dienstag, Mittwoch

366* Spiegelrätsel: 1/2 Mais-Siam – 3/4 Leip-Piel – 5/6 Emmi-Imme – 7/8 Lese-Esel – 9/10 Sarg-Gras – 11/12 Rebe-Eber – 13/14 egal-Lage

Worträtsel

367* Hauptwort-Hinundher: Landschullehrer – Landrat – Landratbau – Rathaus – Rathausdienst – Baumeister – Schulhausmeister – Lehrerdienstplan – Bauhauslehrer – Landhausplan – Baumeisterplan – Landschullehrerdienstplan

368* Silben-Kreuzundquer: 1, 2 Gelo – 3, 4 neben – 5, 6 Rasen – 7, 8 Lethe

369* Silben-Kreuzundquer: 1, 2 Rasen – 3, 4 gebe

370* Silben-Kreuzundquer: 1, 2 Gerber – 3, 4 Linsen – 5, 6 Degen

371* Wort in Wort: Red' einer schlecht von dir, so sei es ihm erlaubt; doch du, du lebe so, daß keiner es ihm glaubt.

372* Plus und Minus: Wie heißt der Maler? Altar – Halma – Alaaf – Malta – Alter – Unrat – Taube – Pause – Sirup – Spiel – Apfel – Galle – Degas

373* Kapselrätsel: Asta-Laub-Lende-ehe-Stau-ist-Schlag-Tor-sich-Chur-Hase-Oden-Nato-die-Ast-Gen-endlich-Wirt-Eis-See-Egel-Norm = Alles ist schon dagewesen (Ben Akiba)

374* Einschiebrätsel: Geld ist ein guter Diener, aber ein schlimmer Herr.

375* Wortgleichung: Tag — werk + Un — stern + D — rache + nach — Bar + T — Reue + GL — Ast + Ei — Ger + Che — Ster = Tagundnachtgleiche

376* Nach rechts oder links: A**SB**EST
VERA**CR**UZ
HUMORESKE
TA**UC**HSIEDER
A**BK**EHR
KARAWANK**EN**
SCH**REI**BZEUG
BE**TR**AGEN

377* Wörter steigern: 1 wund-Wunde-Wunder – 2 Laut-Laute-lauter – 3 Ob-Ober-Oberst – 4 Tau-taub-Taube-Tauber – 5 Lei-Lein-Leine-Leinen.

Kinderrätsel

378* Brückenbau: Kuchen-Gabel-Hirsch – Turm-Uhr-Kette – Brief-Träger-Schürze – Blumen-Garten-Haus – Obst-Ernte-Kranz – Wagen-Rad-Ball – Fisch-Adler-Auge – Haus-Tür-Schloß – Hühner-Eier-Becher – Finger-Nagel-Schuh

379* Fliegenschmaus: L-E-C-K-E-R

380* Gut verborgen:
1 RAD — D + VASE + T — AST + NUSS + FS — FUSS + BURG = RAVENSBURG;
2 RABE + VEILCHEN — BEILE + TASSE — TASCHE + BUS + ZWERG + I — ZWEI — S = RAVENSBURG;
3 RAUCH + B — BUCH + VENTIL + EIER — LEITER — I + SIEB — EI + UHR + GANS — HANS = RAVENSBURG

381* Städtereise:
1 STOCK + UHR — ROCK + BRETT — REH + I + GARTEN — BEIN = STUTTGART;
2 HAMMER + EI — EIMER + BUCH + RAD — DACH + G = HAMBURG;
3 AUGE + SIEB + R — EIER — B + BURG = AUGSBURG;
4 BRAUSE + ES — ESSE + N + SCHWEIN + EIS — EINS + G = BRAUNSCHWEIG;
5 FISCH + SCHRANK + T — TISCH + I — SCHI + FUCHS + BART + F — SCHAF — B = FRANKFURT;
6 HAUS + MANN — MAUS + TAUBE + PULLOVER — PULT — LAUBE = HANNOVER

382* Lustige Verwandlungen: SCHWEIN – BAER – RABE – SCHWERIN – ENTE – RENTE – MUEHLE – EULE – TIGER – RABE – BAER – BAERTIGER – SPITZ – SPITZBAERTIGER – KATZE – SCHAUMWEIN – REGEN – REIGEN

383* **Suchrätsel** (Wilhelm Busch). Von oben nach unten nagte der Zahn der Zeit fort: Mauerstein, Wange, Säbel-Parierstange, Kokarde, Schnauzbart, Stiefelschlaufe, Mauergewächs, Nase, vier Schirmspitzen, Schirmtop, Schirmfalte, Jackenknopf, Fußknöchel, große Zehe, Mauerstein.

Das Vexierrätsel ist ein scherzhaftes Neckrätsel, das in die Irre führen will. Der Scherz besteht darin, jene Objekte, die zu suchen sind, so versteckt in die Darstellung einzupassen, daß ihre Umrißlinien zugleich auch die Umrißlinien anderer Dinge sind. Man erkennt die gesuchten Objekte meistens erst dann, wenn man das Rätselbild dreht oder auf den Kopf stellt. Plötzlich sind sie „da".

384* Lösung: Die drei Freunde stecken im Geäst der Bäume, und zwar zwischen den beiden linken

Bäumen, in der Mitte und oben rechts in der Ecke. Das Bild linksherum einmal um sich selbst drehen.

385* Ein Knochen zuwenig: F-U-T-S-C-H

Verwandtschafts-Rätsel

386 nein, weil man tot ist

387 ja, Großmutter, Mutter und Tochter

388 Großvater, Vater und Sohn tranken jeder elf Glas

389 wenn du sie heiratest

390 nein, es ist seine Mutter

391 vier Mädchen und drei Jungen

392 drei Söhne und eine Tochter erben jeder 25 000 Mark

393 Vater

394 B ist die Mutter von A

395 Sohn

396 sein Sohn

397 der Mann ist mein Vater

398* **Rätsel mit Pfiff**

Dieses Kreuzworträtsel erschien als 12 568. Crossword Puzzle in The Times vom 14. 9. 1970, ausgedacht von Edmund Akenhead. Rätsel dieser typisch englischen Art sind reich an Bezügen. Das ist auch der Grund, warum diese ungewöhnliche Art von Geistessport als Spiel so beliebt ist, daß viele Engländer ihm täglich huldigen, wenn sie morgens zur Arbeit fahren.

Eine exakte Lösung kann nur dann von einem Nichtengländer erwartet werden, wenn er nicht nur in der englischen Sprache bewandert ist, sondern sich auch in Literatur, Redensarten, Sitten und Traditionen gut auskennt.

In England gibt es zwei Hauptarten von Kreuzworträtseln. Bei der einen geht es lediglich um Synonyme der erfragten Wörter oder um Fragen des Allgemeinwissens. Sie entspricht dem gängigen deutschen Kreuzworträtsel, das den rätselsüchtigen Engländer jedoch nicht sonderlich interessiert. Er wählt lieber die zweite Art, hier vertreten durch das auf diesem Gebiet führende, tägliche The Times Crossword Puzzle. Es schöpft seinen Reiz aus dem geistreichen Spiel mit Wörtern, das der Rätselmacher mit seinen Rätsellösern veranstaltet. Er setzt eine gewisse Allgemeinbildung voraus. Vor allem soll der Löser fähig sein, geschickt mit Wörtern und Buchstaben zu jonglieren und versteckte Anspielungen in den Wörtern zu sehen, die in den Fragen angedeutet werden. Diese Rätselart erfordert einige Übung, bis man sich in die Gedankengänge des Rätselmachers eingelebt hat. Schwierig, gewiß; aber auch dieser hat seine tägliche Plage mit den Worterfindungen und deren Anordnung zu einem Diagramm.

Waagerecht:

1 TRAMPOLINE, Turngerät. Gefährt TRAM an Fluß- PO -linie LINE sorgt für viel Auf und Ab – 6 OLAF der II., König und Schutzheiliger von Norwegen. Die Buchstaben OF aus nehmen die Buchstaben LA (franz. Artikel die) in die Mitte O-LA-F – 10 OUTINGS, Ausflüge. Hinausgestellt OUT (Sportausdruck) IN Ausflügen des allgemeinen Dienstes GS (Abkürzung von General Service) – 11 MAUDLIN. Ein College in Oxford heißt MAGDALEN, das ausgesprochen wie MAUDLIN klingt, was auch bedeutet: weinerlich unter Alkoholeinfluß – 12 PROBATION, Bewährungszeit. Verurteilte werden oft nach der Gerichtsverhandlung TRIAL auf Bewährung freigelassen und einem Bewährungshelfer unterstellt. Bei guter Führung während der Bewährung wird die Strafe erlassen. Bewährung = Probezeit, die TRIAL heißt wie auch PROBATION – 13 THETA. Aus THIS dies IS ist heraus, bleibt TH = der griechische Buchstabe Theta – 14 PRAED, Name eines weniger bedeutenden Dichters des 19. Jahrhunderts. Die PRAEDstraße in London dagegen ist sehr bekannt und wird ausgesprochen wie PRAYED betete = flehte hörbar – 15 GOLDEN ROD, Goldrute. Was der phrygische König Midas berührte, wurde zu Gold. Ein englisches Sprichwort sagt: Schone die Rute (ROD), und du verwöhnst das Kind. Ein unverwöhntes Kind bekam die Rute zu verspüren, und Midas hätte eine goldene Rute verwendet – 17 THEREFORE, daher. In geometrischen Beweisen bedeuten drei als Dreieck angeordnete Punkte ∴ das Symbol für: daher – 20 ACCRA, Hauptstadt von Ghana. AC ist die Abkürzung von AIRCRAFTMAN, dem niedrigsten Rang in der Luftwaffe, CRA ist die Abkürzung von COMMANDER ROYAL ARTILLERY = königliche Artillerie, allgemein mit Kanoniere bezeichnet. CAPITAL kann sowohl Hauptstadt als auch Großbuchstabe heißen,

TYPE sowohl Typ = Kerl, als auch Buchstabe, Drucktype. Doppelbedeutung der Frage: Vereinigung von Großbuchstaben aus ... usw. – 21 IVIED, mit Efeu behangen. Jemand = ich I wetteiferte VIED = Vergangenheit von to VIE = wetteifern. IVIED bedeutet aber auch mit Efeu IVY behangen – 23 PLAINSONG, Bezeichnung für gregorianischen Choral. Das Synonym von HOMELY häuslich heißt PLAIN, das auch im Sinne von schlicht, unansehnlich für ein Mädchen gebraucht wird, das nicht besonders gut aussieht. MUSIC Klang, Gesang = SONG – 25 ODDNESS, Seltsamkeit. ODD hat doppelte Bedeutung: seltsam und ungerade. NESS ist wie im Deutschen die Nachsilbe bei Eigenschaften -heit, -keit – 26 AILMENT, Krankheit, Beschwerden. Die Verwendung von MAYBE vielleicht deutet auf ein Anagramm hin: aus den Buchstaben IN METAL ergibt sich das Lösungswort – 27 TAXI, Taxe. Doppelbedeutung von TAX Steuer mit erste = Nummer I und TO HAIL, was preisen und ein Taxi herbeirufen heißt – 28 ADVERTISED, Reklame gemacht. Das IN RUINS = in Ruinen zeigt ein Anagramm an von TRADE DIVES Handel versinkt, taucht unter im Ruin, weil man keine Reklame gemacht hat.

Senkrecht:

1 TROOP, Redewendung für in Truppen marschieren. Hier ist das Wort zusammengesetzt aus: R = RIGHT rechts und O aus herum = rund, das Rund, der Kreis = O; mit Höchstgeschwindigkeit = in TOP, also RO in TOP oder T-RO-OP – 2 ASTROLABE, Gerät zur Messung der Sternpositionen. Hans = JACK, gemeint JACK TAR, Neckname für Seeleute (bei uns Teerjacke), die amtlich ABLE BODIED SEAMAN heißen (= körperlich geeigneter Seemann), abgekürzt A.B., ergibt JACK in A ROLE = AB in A ROLE = ROL-AB-E; folgt einem Weg = einer Straße = A STREET, abgekürzt A ST, ergibt die komplizierte Konstruktion: A-ST-ROL-AB-E – 3 PINS AND NEEDLES, Stecknadeln und Nähnadeln. Angedeutet wird, daß ein Mitglied (des Parlaments) eingeschlafen ist und geweckt werden muß. Die Lösung ergibt aber die englische Redensart für „eingeschlafene" Glieder MEMBER = Mitglied, Körperglied – 4 LISTING, Schiff mit Schlagseite. SLING IT es werfen wird als Anagramm verstellt zu LISTING – 5 NOMINAL, sogenannt. No kein, MINA Name eines indischen Sprechvogels, L römische Ziffer für 50; BIRD hat doppelte Bedeutung als Vogel und weibliches Wesen, also etwa: Keine Frau über 50 – 7 LILLE, Stadt in Frankreich. ILL schlecht, LE französisch es; also ILL in LE = L-ILL-E – 8 FINLANDIA, Titel eines bekannten Werkes von Sibelius, als symphonisches Gedicht betitelt. NOTED hat doppelte Bedeutung als berühmt und mit Noten versehen – 9 RUN THE GAUNTLET, Spießrutenlaufen. PIGLET oder RUNT Schweinchen, HE er, GAUNTLET Handschuh, auch die Herausforderung annehmen = den Fehdehandschuh aufnehmen; das Ganze RUN THE GAUNTLET bedeutet, die Strafe auf sich nehmen = Spießrutenlaufen – 14 PETTICOAT, Unterrock. Die Gedankenstriche deuten in dem bekannten Gedicht von Robert Herrick (1591–1674) ein fehlendes Wort an – 16 RECKONERS, Rechner. SUMMER, doppeldeutig als Sommer und Summierer = Addierer; READY bereit, fertig; READY RECKONERS sind Bücher mit Tabellen zur Umrechnung der komplizierten englischen Zahlensysteme. Währung: 1 Pfund = 20 Schillinge = je 12 Pence; Maße: 1 Yard = 3 Fuß = je 12 Zoll; Gewicht 1 Pfund = 16 Unzen = je 28,35 g – 18 OPPOSED, in Opposition, dagegen eingestellt. OP Abkürzung von lateinisch opus, Arbeit, Werk; hat eine steife Haltung eingenommen, posiert POSED – 19 EMANATE, aus etwas hervorgehen. MANATEE Wassersäugetier; setzt man seinen Schwanz E als Kopf vor des Wort ergibt sich das Lösungswort – 22 INDEX, Liste aller für Katholiken verbotenen Bücher; mathematisch heißt Index der erhöht geschriebene Grad der Potenz, Exponent genannt – 24 GATED, eingesperrt hinter Gittern. Wenn ein Student von Oxford oder Cambridge – zusammengezogen zu OXBRIDGE – als GATED bezeichnet wird, darf er sich strafweise nach der festgesetzten Zeit nicht außerhalb der Torgitter seines College aufhalten; er ist also eingesperrt GATED hinter Gittern, was auch BEHIND BARS genannt wird; der Doppelsinn von BAR könnte hier auch bedeuten, daß er in Oxbridge hinter Bars festgehalten wird.

Dieser Irrhain wurde 1676 von dem Kraftshofer Pfarrer Martin Limburger im nördlichen Weichbild von Nürnberg angelegt. Er gehörte dem 1644 gegründeten Pegnesischen Blumenorden, der ältesten deutschen literarischen Gesellschaft. Jedes Mitglied hatte seine eigene Hütte. Nach dessen Tod wurde ihm ein Gedenkstein im „Kirchhof“ errichtet. Noch heute sind Teile der Anlage erhalten und zu besichtigen. Der „Perspectivische Grundriß“ wird aufbewahrt im Germanischen Nationalmuseum zu Nürnberg.

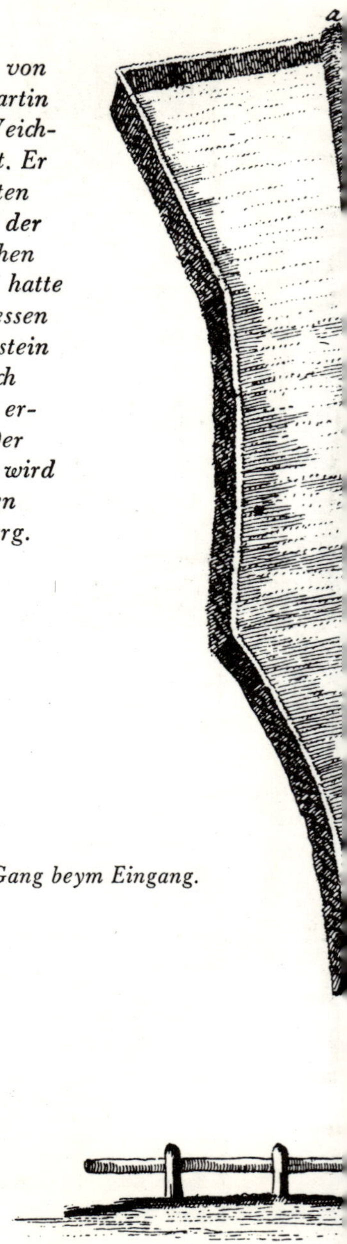

a. der Lange bedeckte grüne Gang beym Eingang.
b. die Lange Allée alwo –
c. die meisten Hütten stehen.
d. der so genannte Kirchhof.
e. der Brunnen.
f. die Küchen.
g. die Irrgänge.
h. der Schlangengang.
i. die Wießen.
k. die Gesellschafts-Hütte.